2024年度版

JN023403

金融業務  級

シニア対応
銀行実務コース

試験問題集

一般社団法人 金融財政事情研究会

◇ は じ め に ◇

　本書は、金融業務能力検定「金融業務３級　シニア対応銀行実務コース」を受験される方の学習の利便を図るためにまとめた試験問題集です。

　総務省統計局によると、わが国の65歳以上の高齢者人口（2023年９月15日現在推計）は、3,623万人にのぼり、総人口に占める割合は29.1％と過去最高となっています。また、65歳以上の高齢者のうち、認知症高齢者が占める割合についても2012年では７人に１人であったところ、2025年には５人に１人になるとの推計もあります（厚生労働省「平成29年版高齢社会白書」）。このようななか、超高齢社会における金融機関の顧客対応の整備は喫緊の課題となっており、ジェロントロジー（老年学）の理解も、金融機関の行職員に必要とされるようになってきました。

　本書は、高齢者に起こりうる認知機能の低下リスク等ジェロントロジーの基本を理解し、日々の業務で遭遇する高齢者との金融取引において、さまざまな課題を解決し、的確に実務を遂行することができる金融機関行職員を養成することをねらいとしています。高齢者取引と一口に言っても、顧客の状況や周りの環境、能力の程度はさまざまであり、金融機関としては取引ごとに異なる適切な対応をとることが求められます。しかし、取引に関する法律や制度、意思能力の確認といった共通の基本原則を学習することにより、業務における対応力を向上させ、トラブルの未然防止に結びつけることができるのではないでしょうか。実務では、より複雑な状況での対応が求められることになると思いますが、本試験問題集は実務をサポートするための教材と位置付けたうえで有効に活用していただき、ぜひとも金融業務能力検定「金融業務３級　シニア対応銀行実務コース」（銀行ジェロントロジスト認定試験）に合格されることを願ってやみません。

2024年６月

一般社団法人　金融財政事情研究会

検定センター

◇◇目　次◇◇

第2章　金融機関と公的支援窓口の連携

第3章　財産管理

第 4 章　高齢者取引に係る法律・制度

第5章　金融実務対応

〈法令基準日〉

本書は、問題文に特に指示のない限り、2024年7月1日（基準日）現在施行の法令等に基づいて編集しています。（注）

（注）令和6年度税制改正に伴い、令和6年分所得税について定額による所得税の特別控除（定額減税）が実施されますが、本問題集では定額減税については考慮しないものとします。

◇ **CBT とは**◇

　CBT（Computer-Based Testing）とは、コンピュータを使用して実施する試験の総称で、パソコンに表示された試験問題にマウスやキーボードを使って解答します。金融業務能力検定は、一般社団法人金融財政事情研究会が、株式会社シー・ビー・ティ・ソリューションズの試験システムを利用して実施する試験です。CBT は、受験日時・テストセンター（受験会場）を受験者自らが指定できるとともに、試験終了後、その場で試験結果（合否）を知ることができるなどの特長があります。

本書に訂正等がある場合には、下記ウェブサイトに掲載いたします。
https://www.kinzai.jp/seigo/

───〈凡　例〉───

・高齢者医療確保法…高齢者の医療の確保に関する法律

・高齢者住まい法…高齢者の居住の安定確保に関する法律

・成年後見制度利用促進法…成年後見制度の利用の促進に関する法律

・任意後見契約法…任意後見契約に関する法律

・金融サービス提供法…金融サービスの提供に関する法律

・預金者保護法…偽造カード等及び盗難カード等を用いて行われる不正な
　機械式預貯金払戻し等からの預貯金者の保護等に関する法律

・振り込め詐欺救済法…犯罪利用預金口座等に係る資金による被害回復分
　配金の支払等に関する法律

・犯罪収益移転防止法…犯罪による収益の移転防止に関する法律

・特定商取引法…特定商取引に関する法律

・障害者差別解消法…障害を理由とする差別の解消の推進に関する法律

・高齢者虐待防止法…高齢者虐待の防止、高齢者の養護者に対する支援等
　に関する法律

・個人情報保護法…個人情報の保護に関する法律

・休眠預金等活用法…民間公益活動を促進するための休眠預金等に係る資
　金の活用に関する法律

〔一般社団法人　日本意思決定支援推進機構との共催〕

「金融業務3級　シニア対応銀行実務コース」試験概要
（銀行ジェロントロジスト認定試験）

　ジェロントロジーの基礎の理解をベースに、認知判断能力や身体機能が低下してきている高齢顧客を公的支援窓口等と連携して支援し、財産管理を行い、こうした高齢顧客と銀行取引を行う際の実務対応力を検証します。

■受験日・受験予約　　通年実施。受験者ご自身が予約した日時・テストセンター（https://cbt-s.com/examinee/testcenter/）で受験していただきます。受験予約は受験希望日の3日前まで可能ですが、テストセンターにより予約可能な状況は異なります。

■試験の対象者　　　　金融機関の窓口・営業担当者、シニア層向けビジネス関係者等
　　　　　　　　　　※受験資格は特にありません

■試験の範囲　　　　　1．高齢者と認知症
　　　　　　　　　　　2．金融機関と公的支援窓口の連携
　　　　　　　　　　　3．財産管理
　　　　　　　　　　　4．高齢者取引に係る法律・制度
　　　　　　　　　　　5．金融実務対応

■試験時間　　　　　　100分　試験開始前に操作方法等の案内があります。

■出題形式　　　　　　四答択一式50問

■合格基準　　　　　　100点満点で60点以上

■受験手数料（税込）　5,500円

■法令基準日　　　　　問題文に特に指示のない限り、2024年7月1日現在施行の法令等に基づくものとします。

■合格発表　　　　　　試験終了後、その場で合否に係るスコアレポートが手交されます。合格者は、試験日の翌日以降、「銀行ジェロントロジスト」の認定証をマイページからPDF形式で出力できます。

■持込み品　　　　　　携帯電話、筆記用具、計算機、参考書および六法等を含め、自席（パソコンブース）への私物の持込みは認められていません。テストセンターに設置されている鍵付きのロッカー等に保管していただきます。メモ用

紙・筆記用具はテストセンターで貸し出されます。計算問題については、試験画面上に表示される電卓を利用することができます。

■受験教材等　　　・本書
　　　　　　　　・通信教育講座「銀行ジェロントロジストのための高齢者取引に強くなる講座」（一般社団法人金融財政事情研究会）

■受験申込の変更・　受験申込の変更・キャンセルは、受験日の３日前まで
　キャンセル　　　マイページより行うことができます。受験日の２日前からは、受験申込の変更・キャンセルはいっさいできません。

■受験可能期間　　受験可能期間は、受験申込日の３日後から当初受験申込日の１年後までとなります。受験可能期間中に受験（またはキャンセル）しないと、欠席となります。

※金融業務能力検定・サステナビリティ検定の最新情報は、一般社団法人金融財政事情研究会のWebサイト（https://www.kinzai.or.jp/kentei/news-kentei）でご確認ください。

◇本書の企画協力者・執筆者一覧（敬称略）◇

みずほフィナンシャルグループ　　　山田博樹　嶋田隆文　原澤雅裕
三菱 UFJ 銀行　　　　　　　　　　井住和正　豊嶋洋一　山崎沙重
　　　　　　　岡　真也　峯田圭介　清本のりこ　弘中美帆
三井住友銀行　　　　　　　　　　　奥村達也　髙林亜矢子
三井住友信託銀行　　　　　　　　　谷口佳充　小島朋也　服部祐児
　　　　　　　　　　　　　　　　　髙橋治彦　市澤拓也
三井住友トラスト・資産のミライ研究所　　丸岡和夫　河野晃史
京都銀行　　　　　益谷俊宏　渡邉　酉　稲森雄介　山下摩里子
伊予銀行　　　　　　　　　　　　　中内哲志　大西康雄
京都信用金庫
　　　　　安藤小百合　郷司真沙美　塩見靖雄　高畑圭祐　南　広　樹
ニッセイ基礎研究所　　　　　　　　　　　　　　三　原　岳
京都府立医科大学大学院　　　　　成　本　迅　樋山雅美　柴田敬祐
　　　　　　　　　　　　　　　　松岡照之　加藤佑佳　上野大介
東京慈恵会医科大学　　　　　　　　　　　　　　品川俊一郎
弁護士　　　　　　　　　　　　　　　　　　　　椎名基晴
司法書士　　　　　　　　　　　　　　　　　　　名倉勇一郎
社会福祉士　　　　　　　　　　　　　　　　　　上林里佳
社会保険労務士　　　　　　　　　　　　　　　　武田祐介
三井住友トラストクラブ株式会社　　　　　　　　早坂文高
弁護士　　　　　　　　　　　　　　　　　　　　湯浅正彦
元静岡中央銀行　　　　　　　　　　　　　　　　両部美勝
弁護士　　　　　　　　　　　　　　　　　　　　中川由宇
司法書士　　　　　　　　　　　　　　　　　　　大和田健介
社会福祉士　　　　　　　　　　　　　　　　　　長谷川あかね

第1章

高齢者と認知症

1−1　高齢期に生じやすい特徴

《問》高齢期に生じやすい特徴に関する次の記述のうち、最も不適切なものはどれか。

1) これまでに得た知識や技術、経験を活かして作業をするのが苦手になる。
2) 新しい情報を覚えたり、暗算したりするのが苦手になる。
3) 筋力の低下によって転倒しやすくなるなど、身体機能の低下が起こりやすくなる。
4) 睡眠が浅くなり、不眠などの睡眠障害が起こりやすくなる。

・解説と解答・

1) 不適切である。これまでに蓄積した知識や技術、経験を活用する能力である結晶性知能は、中年期ごろに発達のピークを迎え、高齢期においても比較的維持される（P.3参照）。

2) 適切である。流動性知能は、新しい情報を覚え、それを素早く処理することで新しい環境に適応するために必要な能力であり、一般に、10〜20歳代に発達のピークを迎え、その後は年齢とともに低下し、60歳前後からさらに低下が目立つようになる（P.3参照）。

3) 適切である。高齢期の身体機能の加齢変化により、転倒・骨折、物忘れ、視力・聴力障害、息切れ、低栄養、易感染性といった症状を呈しやすくなる。また、自立した生活を維持するという観点から、加齢による機能障害で生じるフレイルの予防も重要である。

　なお、フレイルとは、加齢に伴う心身の衰えのことであり、特に後期高齢期に生じやすくなる。

4) 適切である。高齢者は、加齢とともに睡眠が浅くなる傾向があり、高齢者に多い疾患の影響も伴って、不眠などの睡眠障害が見られやすくなる。

<u>正解　　1)</u>

1－2　高齢期の知能の加齢変化

《問》高齢者の行動に関する次のa〜dの記述について、流動性知能の低下による影響を受けやすいものを〇、受けにくいものを×とした場合の組合せとして、次のうち最も適切なものはどれか。

a：仕事でのこれまでの経験をもとにした技術指導をする。
b：新しく購入した電子レンジで調理をする。
c：釣り銭の計算を暗算で行う。
d：遭遇した事故の顛末を警察に伝える。

	a	b	c	d
1)	×	〇	〇	〇
2)	〇	〇	×	〇
3)	×	〇	×	×
4)	×	×	〇	×

● 解説と解答 ●

1967年にキャッテルが提唱した加齢による知能変化に関する理論によると、流動性知能は、新しい情報を獲得し、それを素早く処理する能力をいい、暗記力、計算力（暗算する能力）、直感力などが該当する。なお、長年携わった仕事の技術を発揮し続けたり、既に蓄積した知識や経験を活用する能力を結晶性知能といい、結晶性知能は、加齢による影響を受けにくいとされている。

<u>正解　1)</u>

〈参考〉高齢者の身体的・心理的変化

流動性知能	新しく得た情報を記憶し、それを素早く処理することで未経験の場面に適応する能力。一般に、10〜20歳代に発達のピークを迎え、その後は年齢とともに低下し、60歳前後からさらに低下が目立つようになる。
	〈具体例〉質問に瞬時に返答する、暗算する、複数の作業を同時にこなす、最新機器を試行錯誤しながら操作する等
結晶性知能	既に蓄積した知識や経験を活用する能力。中年期ごろにピークを迎え、高齢期においても比較的維持される。
	〈具体例〉一般常識について答える、冠婚葬祭などの場で適切にふるまう、長年携わった専門技術を指導する等

1－3　高齢者のフレイル予防

《問》フレイル（心身の虚弱化）に関する次のa～dの記述について、
正しいものを〇、誤っているものを×とした場合の組合せとして、
次のうち最も適切なものはどれか。
a：フレイルとは、要介護状態に至る前段階から軽度の要介護状態まで
の状態を指す。
b：フレイルが進行すると、身体機能は低下するが自尊感情は維持され
る。
c：生活習慣病の発症や多剤服用などは、フレイルの原因になりうると
言われている。
d：日本版フレイル基準（J－CHS）では、「体重減少」「筋力低下」「疲
労感」「歩行速度」「身体活動」の5つの基準をもとにフレイルを評
価する。

	a	b	c	d
1）	×	×	〇	〇
2）	〇	×	〇	×
3）	×	〇	×	〇
4）	〇	〇	×	×

解説と解答

　フレイルとは、「高齢期に生理的予備力が低下することでストレスに対する
脆弱性が亢進した状態」を表す日本老年医学会が提唱した用語である。
　フレイルは、要介護状態に至る前段階として位置付けられ、身体的脆弱性の
みならず精神心理的脆弱性や社会的脆弱性などの多面的な問題を抱えやすく、
自立障害や死亡を含む健康障害を招きやすいハイリスク状態を意味するとされ
る。
a：不適切である。フレイルは、健康な状態から要介護状態に至る前段階と位
　　置付けられている（厚生労働省「高齢期の特性を踏まえた保健事業ガイド
　　ライン第3版（2024年3月29日）」）。
b：不適切である。フレイルが進行すると、自尊感情も低下する。
c：適切である。糖尿病や心血管疾患などの生活習慣病の発症や多剤服用など

　　は、フレイルの原因になりうると言われている（厚生労働省「高齢者の特性を踏まえた保健事業ガイドライン第 3 版（2024年 3 月29日）」）。

d：適切である。日本版フレイル基準（J − CHS）の 5 つの項目（体重減少、筋力低下、疲労感、歩行速度、身体活動）の各評価基準のうち、 3 項目以上に該当した場合をフレイル、 1 〜 2 項目に該当した場合をプレフレイル、該当項目が 0 の場合は健常と判定する（国立研究開発法人 国立長寿医療研究センター「日本版 CHS 基準（J − CHS 基準）」）。

<u>正解　1）</u>

1－4　健康寿命を延ばすための工夫

《問》健康寿命を延ばすための工夫に関する次のa～dの記述について、正しいものを〇、誤っているものを×とした場合の組合せとして、次のうち最も適切なものはどれか。

a：バランスのよい食事を心掛ける。
b：体力を維持するため、身体活動を増やす。
c：稽古事やボランティア活動に参加する。
d：骨折を予防するため、外出を控える。

	a	b	c	d
1）	〇	〇	×	〇
2）	×	〇	〇	〇
3）	〇	〇	〇	×
4）	〇	×	×	×

・解説と解答・

　健康寿命（日常生活に制限のない期間）を延ばすためには、良好な食・栄養、身体活動・体力の増進、社会参加・社会的つながりの重視が有効である。筋肉や骨密度を維持するために栄養のある食事をとったり、身体活動を増やして体力を維持・増進したりすることは、老化を予防するうえで重要である。さらに、趣味や稽古事、ボランティア活動といった社会参加や社会的つながりは、心理的健康にとっても好影響をもたらすほか、外出の機会にもつながることで、身体活動や食欲の増進効果もある。

　このように身体・心理・社会的機能の低下が抑制されることで、閉じこもりや低栄養に陥るのを防ぎ、フレイル（心身の虚弱化）が先送りされることにつながる。

　したがって、外出を控えることは、健康寿命の延伸にはつながらない。また、健康寿命の延伸に向けた取組みとして、厚生労働省の「スマート・ライフ・プロジェクト」がある。

正解　3）

1－5　生涯発達理論

《問》生涯発達理論の考え方について説明した次の文章の空欄
a ～ c にあてはまる語句の組合せとして、次のうち最も適
切なものはどれか。

生涯発達理論においては、人は、 a に至るまで、発達を続けるもの
であると考えられている。つまり、 b は発達の一側面であると捉え
られる。また、人生のなかで、獲得と喪失を繰り返し経験することで精
神面も発達するとされるが、加齢に伴い、両者の比率は c のほうが
高くなる。

	a	b	c
1）	誕生から成人	老化による変化	獲得
2）	誕生から死	老化による変化	喪失
3）	誕生から成人	成長による変化	喪失
4）	誕生から死	成長による変化	獲得

解説と解答

生涯発達心理学においては、 a誕生から死 に至るまで、人は発達を続ける
存在であると考えられ、成長と b老化 は同時に生じるものであり、両者とも
発達の一側面であると捉えられている。

また、生涯にわたり、獲得と喪失を繰り返し経験し、それに伴う環境の変化
へ適応するなかで、精神面も発達するとされる。

ただし、獲得と喪失の経験の割合は加齢によって変化し、老年期には、成長
を意味する獲得の経験よりも、 c喪失 の経験のほうが多くなる。

正解　2）

1－6　発達段階理論

《問》エリクソンの発達段階理論に関する次の記述のうち、最も不適切な
ものはどれか。

1）乳児期（出生から1歳ごろ）は、乳児自身が母親などの信頼できる
人に見守られるなかで、相手を信頼できるようになる期間である
（基本的信頼）。しかし、親の不在や不和、虐待、放任などにより適
切な養育を受けられず、信頼感を獲得できなかった場合、情緒や行
動、人格の形成に問題が発生する場合がある（不信）。

2）青年期（11歳から20歳ごろ）は、思春期とも呼ばれ、自分が何者な
のか、将来自分は何になりたいのかについて考える時期である（同
一性）。一方で、自己を確立できないと、他者と自分を比較した
り、苦手なことに挑戦する自信を喪失したり、劣等感を感じるよう
になる（劣等感）。

3）成年期（40歳から65歳ごろ）は、これまで積み上げてきた知識や技
術、子育ての経験などを次の世代に伝達する期間である（世代性）。
しかし、次世代への関心が希薄な場合、他者と関わり合いが乏しく
なり、伝えるべきことが見失われ、自分の存在意義がわからなくな
るなど、不活発さが見られるようになる（停滞）。

4）成熟期（65歳ごろ以降）は、人生を振り返る時期であり、これまで
の経験をよいことも悪いことも含めて受け入れることが課題となる
（統合性）。統合に成功すれば、自分の人生に納得し、満足感を得る
ことができるが、多くの後悔を抱えていると、自分自身の老いや死
に絶望したり、不安を抱いたりする（絶望）。

・解説と解答・

エリクソンは、人は誕生してから死を迎えるまで、人生においてさまざまな
課題と向き合いながら成長し続けると考え、生涯において8つの発達段階があ
ると仮定した。

この理論では、各段階において達成すべき重要な発達課題があり、その課題
を解決することにより、人格の発達がなされ、次の発達段階に進むことができ
るようになると考えられている。

エリクソンの生涯発達理論における各発達課題と心理・社会的危機は次のと

おり。

〈エリクソンの生涯発達理論における各発達課題と心理・社会的危機〉

時期	年齢	発達課題	心理・社会的危機
乳児期	0〜1歳ごろ	基本的信頼	不信
幼児期前期	1〜3歳ごろ	自律性	恥と疑惑
幼児期後期	3〜6歳ごろ	自発性	罪悪感
児童期	6〜11歳ごろ	勤勉性	劣等感
青年期	11〜20歳ごろ	同一性 （アイデンティティの確立）	同一性の拡散 （役割の混乱）
成年期初期	20〜40歳ごろ	親密性	孤立
成年期（壮年期）	40〜65歳ごろ	世代性	停滞
成熟期（老年期）	65歳ごろ以降	統合性	絶望

1）適切である。

2）不適切である。青年期（11歳から20歳ごろ）は、思春期とも呼ばれ、自分とは何者か、将来自分は何になりたいのかについて考える時期である（同一性・アイデンティティの確立）。一方で、自己を確立できないと、自分が何者か分からず悩み続けることになる（同一性の拡散・役割の混乱）。

3）適切である。

4）適切である。

正解　2）

1−7　サクセスフル・エイジング

《問》「サクセスフル・エイジング」の意味に関する次の記述のうち、最も適切なものはどれか。

1）年齢による否定的あるいは肯定的な固定観念に基づいて、高齢者を差別すること。
2）高齢期に社会への参加を控え、個人的に満足感を得られる活動に注力すること。
3）年を重ねるほどに、実際の年齢よりも自分の年齢を若く評価する傾向が高まること。
4）高齢期においても、身体的・精神的な健康を保ち、社会参加の機会を維持すること。

・解説と解答・

1）不適切である。本肢は、エイジズムについての説明である。エイジズムとは、年齢による偏見や差別のことをいう。
2）不適切である。社会参加は、サクセスフル・エイジングの構成要素であるので、社会参加を控えることは、サクセスフル・エイジングとは合致しない。
3）不適切である。本肢は、主観年齢（自分が実感する年齢）についての説明である。
4）適切である。サクセスフル・エイジングは、日本においては「幸福な老い」と訳され、加齢による喪失に適応し、生活満足度や主観的幸福感を維持できている状態をいう。

<u>正解　4）</u>

1－8　プロダクティブ・エイジング

《問》「プロダクティブ・エイジング」に関する次の記述のうち、最も不適切なものはどれか。

1) プロダクティブ・エイジングとは、生産的な活動を通して社会的役割を担う生き方を目指す、高齢期の生き方を表す言葉である。
2) 生産的な活動とは、経済的な対価（給料等）が生じる活動ばかりではなく、ボランティアなどの無償労働も含む。
3) プロダクティブ・エイジングは、エイジズムによる高齢者の捉え方を支持する概念として誕生した。
4) プロダクティブ・エイジングを実現することで、主観的幸福感の向上が期待できるなど、心理的にもよい影響があることが知られている。

・解説と解答・

1) 適切である。「老年学の父」と呼ばれるアメリカの精神科医ロバート・N・バトラーが提唱した概念である。
2) 適切である。
3) 不適切である。プロダクティブ・エイジングは、アメリカの老年医学者ロバート・N・バトラーにより、エイジズム（高齢者差別）に対する反論として提唱された概念である。
4) 適切である。

正解　3)

1−9　エイジング・パラドックス

> 《問》エイジング・パラドックスの説明に関する次の記述のうち、最も適
> 　　切なものはどれか。
> 1）退職などにより果たすべき役割から解放され、充実感を見出す対象
> 　　がなくなる現象。
> 2）加齢に伴いネガティブな状況が増加しても、高齢者の幸福感が低下
> 　　しない現象。
> 3）高齢期にさまざまな喪失を経験し、不安や猜疑心が高まりやすくな
> 　　る現象。
> 4）認知症の症状として、不安や興奮、妄想といった心理状態が現れや
> 　　すくなる現象。

・解説と解答・

1）不適切である。本肢は、社会的役割の喪失についての説明である。

2）適切である。エイジング・パラドックスを説明する理論として、選択最適
　化補償理論、老年的超越理論、社会情動的選択性理論などがある。

3）不適切である。従来は、社会的役割の喪失など、さまざまな喪失体験によ
　るネガティブな心理変化が強調されてきたが、近年は、高齢者において
　も、ポジティブな感情や主観的幸福感が保たれることがわかってきた。

4）不適切である。本肢は、認知症の行動・心理症状（BPSD）についての説
　明である。

<u>正解　2）</u>

1 －10　選択最適化補償理論（SOC 理論）

《問》選択最適化補償理論（SOC 理論）の方略に関する次の記述のう
　　　ち、最も不適切なものはどれか。
1 ）社会常識以外の部分に価値を見出す。
2 ）取り組むべき目標の内容を絞る。
3 ）自分が既に持つ資源を効率よく分配する。
4 ）まだ活用したことのない外部の資源を使う。

・解説と解答・

　選択最適化補償理論（SOC 理論）とは、加齢による心身機能の低下によっ
て従来の水準が保てなくなってしまった場合の自己コントロールの方法に関す
る理論のことである。この理論では、高齢期に経験するさまざまな喪失に対し
て、①目標の選択（Selection）、②資源の最適化（Optimization）、③補償
（Compensation）という 3 つの方略を駆使し、環境の変化に適応していくとし
ている。それぞれの頭文字をとって SOC 理論とも呼ばれている。
1 ）不適切である。老年的超越理論についての説明である。
2 ）適切である。SOC 理論の「目標の選択」についての説明である。
3 ）適切である。SOC 理論の「資源の最適化」についての説明である。
4 ）適切である。SOC 理論の「補償」についての説明である。

正解　 1 ）

〈参考〉選択最適化補償理論の 3 つの方略

3 つの方略	概要
①目標の選択 （Selection）	これまで目指していた目標の達成が難しくなったときに、取り組むべき目標を絞ったり目標の水準を下げたりする
②資源の最適化 （Optimization）	目標達成のために、練習を重ねたり新しいやり方を習得したりと、これまでのやり方に工夫を加え、自分が持っている資源を効率よく分配する工夫をする
③補償 （Compensation）	これまで用いてこなかった外部資源などを用いる

出典：ポール・バルテス，On the incomplete architecture of human ontogeny. Selection,
optimization, and compensation as foundation of developmental theory. Am Psychol 52(4),
366-380.

1－11　老年的超越理論

《問》老年的超越理論に関する次のa～dの記述について、正しいもの
　　　を〇、誤っているものを×とした場合の組合せとして、次のうち最
　　　も適切なものはどれか。
　a：若いころの価値観から脱却し、別の対象に価値を見出すようにな
　　　る。
　b：社会的な常識よりも独自の考え方や価値観を持つようになる。
　c：自分の意思や欲求の達成に重きを置くようになる。
　d：他者との表面的なつながりを大事にするようになる。

	a	b	c	d
1）	〇	×	〇	×
2）	×	〇	〇	×
3）	〇	〇	×	×
4）	×	〇	×	〇

●解説と解答●

　高齢期に入ると、社会的地位や収入、身体的な健康、容姿といった若い頃に
一般に価値があると判断していたものから、別の対象や事柄に価値を見出し、
独自の価値観を持つようになる。

　また、社会や表面的なつながりよりも、ごく限られた人との深いつながりを
重んじ、自らの意思や欲求の達成よりも他者を重視するようになる。

　このような高齢者の発達的変化に関する理論を老年的超越理論という。

正解　3）

1−12 社会情動的選択性理論

《問》社会情動的選択性理論をもとに説明した高齢者の特徴に関する次の
a〜dの記述について、正しいものを〇、誤っているものを×と
した場合の組合せとして、次のうち最も適切なものはどれか。
a：精神的に満足感を得られる活動に注力する。
b：将来を見据えた新しい活動に注力する。
c：ポジティブな情報に注意が向きやすくなる。
d：ネガティブな情報に注意が向きやすくなる。

	a	b	c	d
1)	〇	×	〇	×
2)	〇	×	×	〇
3)	×	〇	〇	×
4)	×	〇	×	〇

・解説と解答・

　社会情動的選択性理論では、高齢者は残された時間に限りがあることを認識
すると、感情的に価値のある行動をするよう動機づけられると考えられてお
り、将来に焦点を当てた新しい活動よりも、感情的に満足感を得られる活動を
重視するようになるとされる。

　また、高齢者は、若者よりもポジティブな情報に注意を向けやすく、記憶に
残りやすい傾向も知られている。

　この現象はポジティヴィティ効果と呼ばれ、意思決定にも影響を及ぼす。

<u>正解　1)</u>

1－13 高齢者とのコミュニケーション①

《問》高齢者へ説明をする際に内容を理解してもらうための工夫に関する次の記述のうち、最も不適切なものはどれか。

1）要点のメモやイラストを補助的に提示した。
2）ほかの人の話し声が気にならない場所で説明した。
3）1文に含めるキーワードを1～2個にとどめた。
4）はっきりとした高い声で、抑揚を付けて説明した。

・解説と解答・

1）適切である。文字や図などの視覚的な補助を用いると、記憶に残りやすくなる。説明時に使用したメモやイラストなどは、後日、確認の際に活用すると内容を思い出しやすくなる。

2）適切である。高齢者は、刺激の多い場所にいると必要な対象に注意を向けるのが難しくなるため、説明をする人の声だけに集中できるような環境を作ることが大切である。

3）適切である。金融取引で使われる用語は、かみ砕いて説明したとしても一般にはなじみの薄いものであるため、一度に提示するキーワードを少なくする工夫が必要である。また、文と文の間に区切りを入れて、相手の理解度を確認することも大切である。

4）不適切である。高齢者は高い音が聞こえにくくなるため、できるだけ低い声でゆっくりと説明するのがよい。

正解　4）

〈参考〉開かれた質問と閉じられた質問

	開かれた質問	閉じられた質問
特徴	相手の自由な応答が得られる質問 〈例〉「何が飲みたいですか」	二者択一で回答できる質問や「はい／いいえ」で答えられる質問 〈例〉「コーヒーか紅茶、どちらがよいですか」
長所	・相手の応答の自由度が高い ・相手から多くの情報を引き出せる	・聞き手が欲しい情報を確実に入手できる
短所	・相手が何を話せばよいかわからず負担に感じることがある（特に、認知機能の低下やうつを伴う場合、話をまとめることが苦手になる） ・聞き手が欲しい情報を入手できないことがある	・質問されたことしか答えられない ・答えを限定するため、相手の自由な考えを狭めてしまう可能性がある ・「はい／いいえ」で答えられない二律背反な場合がある

1－14　高齢者とのコミュニケーション②

《問》金融機関における高齢顧客とのコミュニケーションについての留意
点に関する次の記述のうち、最も不適切なものはどれか。
1）担当の行職員への遠慮から、本音を言えずにいる可能性に配慮す
る。
2）表情や動作、声の調子などに注意を向け、本人の気持ちを推察す
る。
3）説明内容を振り返る際の合図として、日常生活に関する雑談を挟
む。
4）問いかけを交えることで本人の反応を促し、理解の状況を確認す
る。

・解説と解答・

　高齢顧客と対話をする際には、相手の気持ちを理解して寄り添うことが必要
になる。そのためには、相手の気持ちを探るコツを知っておくことが重要であ
る。
　会話には、相手が何について話しているのかを理解しながら、自分が返すべ
き言葉を選ぶという作業が必要であり、これには記憶力、とりわけワーキング
メモリー（複数の情報を同時に扱う機能）が関係している。この機能が低下す
ると、話の流れを判断したり、スムーズに応答したりするのが難しくなる。そ
のため、説明時に別の雑談を挟むと、把握すべき情報量が増えることで会話の
負荷が高まり、本人の理解を妨げる要因ともなりうる。

<u>正解　3）</u>

〈参考〉応答のバリエーション

　相手の気持ちをそのまま受け止める際には、次の技法が活用できる。

うなずき	「はい」「ええ」「うんうん」「なるほど」
復唱	話のテーマとなる語、感情を伴う語を繰り返す 〈例〉「○○なのですね」
共感	事実ではなく、感情に対する理解を示す 〈例〉「それは心配ですね」
受容	否定的、攻撃的な発言をも受け止める 〈例〉「お金を盗られたと思うと、不安で仕方がないですね」
感情の反射	幸せ、怒り、悲しみ、恐れの気持ちを明確に返す 〈例〉「それは、お辛いですね」
感情の明確化	曖昧な感情を類推する 〈例〉「今後の生活に不安があるようですが…」
沈黙	考えをまとめたり感情を整理したりするために、相手の応答を待つ
支持	相手の感情を肯定する、支える、認める 〈例〉「○○さんがそう思うのは、もっともなことです」

出典：意思決定支援機構監修、成本迅・COLTEMプロジェクト編著『実践！認知症の人に
　　やさしい金融ガイド』

1－15　認知症とは①

《問》認知症に関する次の記述のうち、最も適切なものはどれか。
1 ）わが国における年齢階級別の認知症有病率について、80 ～ 84歳の認知症有病率は20％を超えている。
2 ）本人が物忘れを訴えていて、頭部 MRI 検査で脳の萎縮が見られた場合、認知症と診断することができる。
3 ）認知症の診断は、改訂長谷川式簡易知能評価スケール（HDS-R）などの認知機能検査により行われ、一定の点数以下の場合に認知症と診断することができる。
4 ）認知症の診断において、日常生活に支障が生じているかどうかは無関係である。

・解説と解答・

1 ）適切である。厚生労働科学研究費補助金 認知症対策総合研究事業「都市部における認知症有病率と認知症の生活機能障害への対応（平成24年度総合研究報告書）」によると、年齢階級別の認知症有病率（人口に占める認知症の人の割合）は、70 ～ 74歳で4.1％、75 ～ 79歳で13.6％、80 ～ 84歳で21.8％、85 ～ 89歳で41.4％となっている。
2 ）不適切である。認知症の診断には客観的な認知機能低下の所見と生活への影響を確認することが必要である。主観的な物忘れや頭部 MRI 検査での脳萎縮は必ずしも認知機能の低下に関係しているとは限らない。
3 ）不適切である。改訂長谷川式簡易知能評価スケール（HDS-R）であれば21点以上、ミニメンタルステート検査（MMSE）では24点以上が一般に正常範囲とされるが、これら認知機能検査の得点は、もともとの知能や職業によっても左右されるため、認知機能検査の得点だけでなく生活の変化やその他の症状と併せて総合的に診断する必要がある。
4 ）不適切である。認知症の診断には、認知機能の低下により生活に支障が出ていることが必須である。
　　なお、認知機能障害が軽度であり、日常生活に支障を来していない場合は、軽度認知障害（MCI）と診断される。

正解　 1 ）

1－16　認知症とは②

《問》認知症に関する次の記述のうち、最も不適切なものはどれか。
1）軽度認知障害の場合は、認知症と異なり日常生活に支障は見られない。
2）わが国の65歳以上の高齢者の認知症有病率は、さらに上昇すると予測されている。
3）認知機能障害を生じる病気には、ビタミン欠乏症などの内科的な病気は含まれない。
4）認知症と区別すべき代表的な病態に、うつ病がある。

・解説と解答・

1）適切である。軽度認知障害（MCI）は、認知機能の低下は見られるが、生活に支障が出ていない状態とされている。

2）適切である。「平成29（2017）年版高齢社会白書」によると、団塊の世代が75歳を超え、65歳以上人口の構成が増加していくと、高齢者の認知症有病率は、今後さらに上昇すると見込まれている。

3）不適切である。認知機能障害の原因になる病気には、ビタミン欠乏症のほか、甲状腺機能低下症など内科的な病気で間接的に脳の機能に影響が出るものが含まれる。

4）適切である。うつ病の場合は、思考制止などの精神症状のために一見認知症のように見える（仮性認知症）ことがある。そのため、認知症の診断においてはうつ病の症状がないかを確認する必要があり、もしうつ病の症状があった場合には、治療して改善を図ってから再度評価する必要がある。なお、認知症の経過のなかで、うつが生じることもある。

正解　3）

1−17 認知症を引き起こす主な疾患①

《問》認知症を引き起こす主な疾患に関する次の記述のうち、最も不適切
なものはどれか。
1）レビー小体型認知症の症状としては、幻視やパーキンソニズムなど
が認められる。
2）前頭側頭型認知症は、ほとんどの場合、70歳以上で発症する。
3）アルツハイマー型認知症では、最近の出来事を忘れる記憶障害が見
られる。
4）血管性認知症は、脳梗塞や脳出血等が生じた脳の部位により症状が
異なる。

・解説と解答・

1）適切である。レビー小体型認知症の症状として、注意の変動、幻視、パー
キンソニズム（振戦や小刻み歩行など）、レム睡眠行動障害（寝ている間
に大声を出したり、手足を動かしたりする）などが見られる。
2）不適切である。前頭側頭型認知症はほとんどが70歳までに発症し、65歳未
満で発症する患者も多い。65歳未満で発症する若年性認知症のなかでは、
アルツハイマー型認知症、血管性認知症に次いで多いと報告されている。
3）適切である。アルツハイマー型認知症で見られる記憶障害は「近時記憶障
害」といい、数分前に起きたことを忘れるのが特徴である。一方で「遠隔
記憶」と呼ばれる、どこの小学校を卒業したかや子供のころ一緒に住んで
いた家族のことといった昔の記憶は保たれる。
4）適切である。脳の機能は部位により異なり、例えば前頭葉は計画や抽象的
思考に関係し、側頭葉には言語理解に関連する領域や記憶に関連する領域
がある。このため、一口に血管性認知症といっても、障害を受けた脳部位
によって症状はさまざまである。

正解　2）

1－18　認知症を引き起こす主な疾患②

《問》認知症を引き起こす主な疾患に関する次の記述のうち、最も適切な
　ものはどれか。
1 ）血管性認知症は、アルツハイマー型認知症と合併しやすい。
2 ）レビー小体型認知症は、症状に変動が少なく緩徐に進行する。
3 ）アルツハイマー型認知症の見当識障害は、場所の感覚から始まるこ
　　とが多い。
4 ）前頭側頭型認知症の場合、初期にも近時記憶障害が見られることが
　　多い。

・解説と解答・

1 ）適切である。血管性認知症とアルツハイマー型認知症は、共通の危険因子
　　を持つことから合併しやすい。その場合、「混合型認知症」といい、両方
　　の特徴が見られる。
2 ）不適切である。レビー小体型認知症の認知機能障害や精神症状は変動性が
　　あり、一日のなかや、数日から数週間の単位で変動が見られることが特徴
　　である。
3 ）不適切である。アルツハイマー型認知症で見られる見当識障害は、日付の
　　感覚、すなわち時間の見当識障害から始まることが多い。
4 ）不適切である。前頭側頭型認知症では、行動の障害や実行機能障害から発
　　症し、近時記憶障害は見られないことが多い。

正解　1 ）

1-19 認知症の BPSD

《問》認知症の BPSD（行動・心理症状）に関する次の a ～ d の記述に
ついて、正しいものを〇、誤っているものを×とした場合の組合せ
として、次のうち最も適切なものはどれか。

a：認知症の進行度合いによって、出現する BPSD は異なる。

b：記憶障害や見当識障害は、認知症の BPSD の一部として出現する。

c：BPSD は、一般に、中核症状に付随して出現する二次的な症状を指
す。

d：BPSD は予防が難しく、症状の出現後は改善が見込めない。

	a	b	c	d
1）	〇	×	〇	×
2）	×	×	〇	〇
3）	×	〇	×	〇
4）	〇	〇	×	×

・解説と解答・

　認知症の主な症状は、「中核症状」と「周辺症状」に大別され、中核症状
は、脳の神経細胞の障害によって起こる認知機能障害（記憶障害や見当識障
害、注意障害など）をいう。

　BPSD（Behavioral and Psychological Symptoms of Dementia）は、周辺症
状と呼ばれることもあり、一般に、中核症状に付随して出現する二次的な症状
をいい、しばしば精神症状や行動症状が出現する。BPSD は、本人の元来の性
格や、認知症による性格の変化、心理的要因、体調などによって出現する可能
性や、介護者・周囲との人間関係、環境要因によって出現する可能性もある。

　認知症の原因疾患や進行度合いによって、出現する BPSD も異なるが、あ
る程度治療や予防が可能なので、早めに兆候を見つけて対応することが重要に
なる。

正解　1）

1－20　認知症の人の物の考え方・見え方①

《問》以下の〈事例〉における下線部の症状に関する次の記述のうち、最も適切なものはどれか。

〈事例〉

Aさんは、80歳ごろから徐々に物忘れが見られるようになり、最近はAさんの作る味噌汁の味がこれまでと変わったことに家族が気が付くようになった。Aさんが調理しているところを観察していると、まだ切っていない野菜を鍋に入れようとしたり、出汁をとる前に味噌を溶かそうとしていることがわかった。

1）実行機能障害の影響により、料理の工程を把握し、一連の動作として行うことが困難になっている可能性がある。

2）場所の見当識障害により、自分がキッチンにいることがわからないために混乱し、作業を誤っている可能性がある。

3）失認の影響により、視覚や味覚に異常が生じ、正しい調味料の選択ができなくなっている可能性がある。

4）失語の影響により、野菜や味噌、鍋という言葉の意味を理解できず、扱い方がわからなくなっている可能性がある。

・解説と解答・

1）適切である。実行機能障害とは、料理やATMの操作などのように、一定の手順に従って行うことが必要な作業を行う際に障害が見られることをいう。

　〈事例〉のAさんのように、1つひとつの動作は可能だが、料理の一連の作業を行おうとすると途中で手順を間違えてしまう様子が見られることは、実行機能障害の特徴である。

2）不適切である。見当識障害とは、日付や人の名前、場所などの感覚が障害されることをいう。

　Aさんの場合、料理の手順に混乱が生じていることがうかがえ、見当識障害の影響は考えにくい。

3）不適切である。失認とは、感覚機能は正常であるものの、対象を認識したり同定したりする能力に障害がある状態をいう。

　Aさんの場合、必要な材料や物品は認識できており、失認の症状とは考

えにくい。

4）不適切である。失語とは、会話や文字で物事を表現したり、相手が話す内容を理解したりする能力に障害がある状態をいう。

　　Aさんの場合、具体的な手順に障害が生じており、失語（言語の問題）の症状とは考えにくい。

正解　1）

1－21　認知症の人の物の考え方・見え方②

《問》以下の〈事例〉における下線部の症状として、次のうち最も適切な
　　ものはどれか。

〈事例〉

Aさんは、70歳ごろから徐々に物忘れが見られるようになり、最近はよ
く物を紛失して探すことが増えた。また、日付を間違えて趣味のコーラ
スの会に行くのを忘れたり、ゴミを出す曜日を間違えたりすることがた
びたび起きている。

1）失認

2）見当識障害

3）失行

4）注意障害

・解説と解答・

1）不適切である。失認とは、感覚機能は正常であるものの、対象を認識した
　り同定したりする能力に障害がある状態をいう。

2）適切である。見当識障害とは、日付や曜日、人の名前、場所などの感覚が
　障害されることをいう。

3）不適切である。失行とは、運動機能の障害はないにもかかわらず、日常生
　活で普段行っている動作ができなくなる状態をいう。

　　なお、脳梗塞などにより身体に麻痺が生じて運動機能が障害されている
　場合は、失行にはあたらない。

4）不適切である。注意障害とは、無関係な情報に影響されず必要な情報に注
　意を向ける機能に障害がみられる状態をいう。

正解　2）

1－22　認知症の人の心理的特徴①

《問》易怒性が高まった高齢顧客への対応に関する次の記述のうち、最も
　　　不適切なものはどれか。
　1）静かな個室に案内したり、対応する行職員を変える。
　2）本人が抱く怒りの感情を受け止める。
　3）怒らせてしまった理由を詳しく聴取し、矛盾点があれば指摘する。
　4）本人の興味のある内容に話題を転換する。

・解説と解答・

1）適切である。場所や対応する行職員を変えることで、本人の気分転換につ
　ながることがある。また、いったん本人との距離を離して客観的に事態を
　眺めることで、行職員自身も冷静に対応するよう努めることが大切であ
　る。

2）適切である。易怒性の高まった高齢顧客には、まずは気持ちを落ち着けて
　もらうことが大切である。無理に説明や説得をしたり、怒りの理由を聞き
　出そうとせずに、本人の怒りの感情を受け止め、気持ちが収まるまで待つ
　ことが望ましい。

3）不適切である。認知症の人は、怒りの理由を尋ねられても自分の気持ちを
　言葉で上手に伝えることができない場合があり、怒りを助長させてしまう
　可能性がある。

4）適切である。本人の興味のある話題を持ち出すことで、その話題に注意が
　向き、怒りが収まることがある。

<u>正解　3）</u>

1 −23 認知症の人の心理的特徴②

《問》以下の〈事例〉が示す認知症の特徴として、次のうち最も適切なも
のはどれか。
〈事例〉
高齢顧客Aは、書類に今日の日付を記入しようとしたが、日付を思い出
すことができず、「いつもはカレンダーで確認しているのよ。でも、今
日はこんなこと書くと思わなかったから。先に言っておいてもらわない
と困るわ。私、こういうことはしっかり紙に書いておきたいの。いつで
もきちんとお答えできるように。昔からそういう几帳面なところがあっ
てね」と矢継ぎ早に訴えた。
1）アパシー
2）迎合性
3）物盗られ妄想
4）取り繕い反応

・解説と解答・

1）不適切である。アパシーとは、自発性や意欲の低下した状態のことを指
し、認知症において高頻度で出現する。情緒反応が乏しくなり、行動面で
も不活発な様子が目立つことに加え、周囲への興味も欠如する。

2）不適切である。認知症の人は、理解していない事柄に対しても「はい」と
返事をする傾向がある。こうした迎合性への配慮としては、答えが「いい
え」になるような質問を含めながら意向確認をすることが有用である（下
記の例を参照）。

　また、説明した内容を本人の言葉で説明してもらいながら理解度を確認
することも大切である。

〈例〉「解約の手続を行いますか？」という質問に対し、「はい」と返答した場
　　合「解約の手続を行わなくていいですか？」という逆説的な質問を追加
　　する
　　　⇒「いいえ」と返答：質問を理解している
　　　　「はい」と返答　：質問を理解していない

3）不適切である。物盗られ妄想は認知症のBPSD（行動・心理症状）の1つ

であり、誰かにお金や通帳などを盗まれたと訴えることである。

4) 適切である。物忘れを悟られないために、話をそらしたり、つじつま合わせをしたりする反応である。本人は、自分のふがいなさにいら立ちを覚えたり、情けなさを感じていたりすることがあるため、心理面への配慮が必要である。

<u>正解　4)</u>

1 −24　意思決定能力①

《問》意思決定能力に関する次のa〜dの記述について、正しいものを
　　○、誤っているものを×とした場合の組合せとして、次のうち最も
　　適切なものはどれか。
　a：認知症を発症した場合、意思決定能力はないと判断される。
　b：せん妄に起因する意思決定能力の低下は、回復が見込めない。
　c：うつ病の発症後、意思決定能力が回復することはまれである。
　d：精神的なストレスは、意思決定能力に影響を及ぼすことがある。
　　　　　a　　　　b　　　　c　　　　d
　1）　　○　　　　×　　　　○　　　　○
　2）　　○　　　　○　　　　×　　　　○
　3）　　×　　　　○　　　　○　　　　×
　4）　　×　　　　×　　　　×　　　　○

・解説と解答・

　厚生労働省の「認知症の人の日常生活・社会生活における意思決定支援ガイ
ドライン」（以下、「ガイドライン」という）によれば、意思決定能力は、認知
症の状態だけでなく、社会心理的、環境的、医学身体的、精神的、神経学的状
態によって変化する（ガイドラインP.4）。そのため、認知症というだけで意
思決定能力が欠如していると判断することはできない。

　うつ病やせん妄といった精神症状によって意思決定能力が低下する場合があ
るが、せん妄においては、一時的な意識障害が原因で、自らが選択した内容や
希望について覚えておくことができない場合が多い。しかし、こうした精神症
状が回復するのに伴い、意思決定能力も回復することがある。

　したがって、うつ病や認知症の高齢者でも意思決定能力を有しているという
ことを前提として、症状の回復を待ったり、本人の保たれている認知機能等を
向上させる働きかけを行ったりすることが大切である。

　さらに、初めて来た場所や初対面の人との会話等で緊張が高まっていたり、
意思表明を急かされて焦りを覚えたりといったストレスのかかる状況では、自
分の考えをまとめたり、言葉にして伝えたりするのが難しくなる場合がある。

正解　4）

1－25　意思決定能力②

《問》意思決定能力に関する次の記述のうち、最も適切なものはどれか。
1）意思決定能力は、緩やかにかつ段階的に低減する。
2）意思決定能力は、周囲の環境による影響を受けにくい。
3）意思決定能力は、本人の心理状態によって変化する。
4）意思決定能力は、支援者の支援能力によって変化する。

・解説と解答・

　厚生労働省の「認知症の人の日常生活・社会生活における意思決定支援ガイドライン」（以下、「ガイドライン」という）によれば、意思決定能力は、"あるかないか"という二者択一的ではなく、段階的、漸次的に低減、喪失していくものである。

　また、意思決定能力は、認知症の状態だけでなく、社会心理的、環境的、医学身体的、精神的、神経学的状態によって変化するため、認知症の人の自己決定を促せるよう、残された能力への配慮が必要となる。さらに、本人の意思決定能力は、本人の個別能力だけではなく、意思決定を支援する者の支援力によっても変化する（ガイドラインP.4）。

　なお、意思決定能力は、「説明の内容をどの程度理解しているか（理解する力）」「説明された内容を自分のこととして認識しているか（認識する力）」「論理的な判断ができるか（論理的に考える力）」「自分の意思を表明できるか（選択を表明できる力）」によって構成される。

　認知症の人は、選択を表明できる力は比較的残存しやすい一方、理解する力や論理的に考える力は低下しやすいとされ、丁寧な説明や確認が必要になる。特に、論理的に考える力では、利点と欠点を比較した上で、自分にとって必要かどうかを判断することが求められる。

<u>正解　2）</u>

1－26　意思決定支援①

《問》厚生労働省「認知症の人の日常生活・社会生活における意思決定支
　　　援ガイドライン」に関する次のa～dの記述について、正しいもの
　　　を〇、誤っているものを×とした場合の組合せとして、次のうち最
　　　も適切なものはどれか。

a：本人の意思の実現には、利用可能な社会資源の活用が重要であり、
　　また、本人に介護サービスの体験等、実際の経験を提案することも
　　有効である。

b：本人の家族が本人の意思決定支援に参加する場合、本人の意思より
　　家族の意思が優先されやすくなるため、福祉・医療関係者だけで支
　　援チームを構成することが重要である。

c：本人にとって複雑な意思決定であっても、支援者による要点の整理
　　は避け、そのまま説明することが重要である。

d：社会生活における意思決定支援の内容としては、住まいの場の選択
　　や財産処分も想定される。

	a	b	c	d
1）	〇	〇	〇	×
2）	〇	×	×	〇
3）	×	×	×	〇
4）	×	〇	〇	×

・解説と解答・

a：適切である。意思決定支援では、自発的に形成、表明された本人の意思
　を、支援者同士が多職種で協働し、利用可能な社会資源等を用いて、日常
　生活・社会生活のあり方に反映させる。
　　また、実際の経験によって本人が意思を変更する場合もあるため、本人
　にとって無理のない経験を提案することも有効な場合がある（ガイドライ
　ン P.8）。

b：不適切である。意思決定支援においては、本人を日常的に見守り、意思や
　状況を継続的に把握し必要な支援を行う体制（意思決定支援チーム）が必
　要である。そのため、本人をよく知る家族（同居の有無は不問）は本人を
　理解するために欠かすことはできず、家族にも意思決定支援チームに加

わってもらうことが望ましい。

　ただし、本人と意見が分かれたり、本人が過去に表明した見解について家族が異なって記憶していたり、社会資源等を受け入れる必要性の判断について見解が異なることがあるため、家族に対しても、本人の意思決定を支援するのに必要な情報を提供したり、不安を抱かないようサポートすることが必要である（ガイドライン P.8）。

c：不適切である。複雑な意思決定を行う場合には、支援者が重要なポイントを整理したうえで、本人へ選択肢をわかりやすく説明することが重要である（ガイドライン P.7）。

d：適切である。社会生活における意思決定支援としては、自宅からグループホームや施設等に住まいの場を移動する場合や1人暮らしを選ぶかどうか、どのようなケアサービスを選ぶか、さらには自己の財産を処分する等が想定される（ガイドライン P.9）。

正解　2）

1 −27　意思決定支援②

《問》厚生労働省「認知症の人の日常生活・社会生活における意思決定支援ガイドライン」における認知症の人の意思決定支援を行うにあたっての支援者の態度や姿勢に関する次の記述のうち、最も不適切なものはどれか。

1) 言語による意思表示が困難な場合、本人の身振りや表情の変化などからも、意思を読み取ることを心がける。

2) 本人が安心して意思を表明できるよう、信頼関係の構築を図るとともに、日常と異なる特別な場で意思表明を促すことが望ましい。

3) 認知機能障害の有無に関わらず、本人が意思決定能力を有していることを前提として支援を行う。

4) 本人の生活に影響を与える意思決定支援を行った場合は、その都度記録を残し、振り返りができるようにする。

・解説と解答・

1) 適切である。認知症の人は、言語による意思表示が上手にできないことが想定されるため、支援者は、本人の身振り手振り、表情の変化も意思表示として読み取るよう努めるべきである（ガイドライン P.3 ）。

2) 不適切である。意思決定支援者は、本人が意思決定を行う際に、本人との信頼関係に配慮する必要がある。意思決定支援者と本人との信頼関係が構築されている場合、本人が安心して自らの意思を表明しやすくなる。また、初めての場所や慣れない場所では、本人は緊張したり混乱したりするなど、本人の意思を十分に表明できない場合があるため、本人が慣れた場所で意思決定支援を行うことが望ましい（ガイドライン P.6 ）。

3) 適切である。ただし、意思決定支援者は、本人のその時々の意思決定能力の状況に応じて支援する必要があり、本人の意思決定能力を固定的に考えずに、本人の保たれている認知能力等を向上させるよう働きかけを行うべきとされる（ガイドライン P.4 ）。

4) 適切である。意思決定支援を行う専門職種や行政職員等は、意思決定支援が適切になされたかどうかを確認・検証するために、支援のときに用いた情報を含め、プロセスを記録し、振り返ることが必要とされる（ガイドライン P.6 ）。

正解　2)

1-28　さまざまな支援に関するガイドライン

《問》判断能力が不十分な人に対する身元保証人や身元引受人、成年後見
人の役割について示しているガイドラインに関する次の記述のう
ち、最も適切なものはどれか。
1）「身寄りがない人の入院及び医療に係る意思決定が困難な人への支
援に関するガイドライン」
2）「障害福祉サービス等の提供に係る意思決定支援ガイドライン」
3）「認知症の人の日常生活・社会生活における意思決定支援ガイドラ
イン」
4）「人生の最終段階における医療・ケアの決定プロセスに関するガイ
ドライン」

・解説と解答・

　厚生労働省の「身寄りがない人の入院及び医療に係る意思決定が困難な人へ
の支援に関するガイドライン」（以下、「ガイドライン」という）は、多くの医
療機関が求める身元保証・身元引受等の機能や役割について整理を行い、既存
の制度やサービスの利用など、身元保証人・身元引受人等がいないことを前提
とした医療機関の対応方法を示すことにより、身寄りがない場合にも医療機関
や医療関係者が患者に必要な医療を提供することができるよう、また患者側も
身寄りがなくても安心して必要な医療が受けられるようとりまとめられたもの
である（ガイドライン P.4-5）。

正解　1）

1－29　高齢社会白書①

《問》内閣府「令和5（2023）年版　高齢社会白書」に関する次の記述の
うち、最も不適切なものはどれか。なお、本問において、介護保険
制度における要介護または要支援の認定を受けた人のことを「要介
護者等」という。

1）65歳以上の者の死因別の死亡率（65歳以上人口10万人当たりの死亡
数）を見ると、令和3（2021）年においては「脳血管疾患」が最も
高く、次いで「心疾患（高血圧性を除く）」「悪性新生物（がん）」
の順であった。

2）令和2（2020）年度末において、介護保険制度における第1号被保
険者のうち、要介護者等の割合は、15％以上を占めていた。

3）令和元（2019）年度末における要介護者等について、介護が必要に
なった主な原因について見ると、「認知症」が最も多く、次いで
「脳血管疾患（脳卒中）」「高齢による衰弱」「骨折・転倒」の順で
あった。

4）家族の介護や看護を理由とした離職者数は、平成28（2016）年10月
から平成29（2017）年9月までの1年間で約10万人であった。

・解説と解答・

1）不適切である。65歳以上の者の死因別の死亡率（65歳以上人口10万人当た
りの死亡数）を見ると、令和3（2021）年においては、「悪性新生物（が
ん）」が最も高く、次いで「心疾患（高血圧性を除く）」「老衰」の順に
なっていた。

2）適切である。介護保険制度における要介護または要支援の認定を受けた人
（以下、「要介護者等」という）は、令和2（2020）年度末で668.9万人と
なっており、平成22（2010）年度末（490.7万人）から178.1万人増加して
いた。また、要介護者等は、第1号被保険者の18.7％を占めていた。

3）適切である。令和元（2019）年度末における要介護者等について、介護が
必要になった主な原因について見ると、「認知症」が18.1％と最も多く、
次いで、「脳血管疾患（脳卒中）」15.0％、「高齢による衰弱」13.3％、「骨
折・転倒」13.0％となっていた。

　　また、男女別に見ると、男性は「脳血管疾患（脳卒中）」が24.5％、女

性は「認知症」が19.9％と特に多くなっていた。

4）適切である。家族の介護や看護を理由とした離職者数は平成28（2016）年
10月から平成29（2017）年9月までの1年間で9.91万人であった。とりわ
け、女性の離職者数は7.51万人で、全体の75.8％を占めていた。

正解　1）

1－30　高齢社会白書②

《問》内閣府「令和5（2023）年版　高齢社会白書」に関する次の記述の
うち、最も不適切なものはどれか。
1）令和4（2022）年10月1日現在、わが国の65歳以上人口が日本の総
人口に占める割合は、25％を超えている。
2）令和4（2022）年10月1日現在、わが国の65歳以上人口を男女別に
見ると、男性対女性の比率は約3対4となっている。
3）わが国の平均寿命は、令和3（2021）年現在、男女とも90年を超え
ている。
4）65歳以上の者がいる世帯は、令和3（2021）年現在、全世帯の約
50％を占めており、夫婦のみで暮らす世帯が最も多い。

・解説と解答・

1）適切である。わが国の総人口は、令和4（2022）年10月1日現在、1億
2,495万人である。このうち65歳以上人口は3,624万人であり、総人口に占
める割合（高齢化率）は29.0％となっている。
2）適切である。わが国の65歳以上人口を男女別に見ると、令和4（2022）年
10月1日現在、男性は1,573万人、女性は2,051万人で、男性対女性の比は
約3対4となっている。
3）不適切である。わが国の平均寿命は、令和3（2021）年現在、男性81.47
年、女性87.57年となっているが、今後、男女とも平均寿命は延びること
が見込まれている。
4）適切である。65歳以上の者のいる世帯について見ると、令和3（2021）年
現在、世帯数は2,580万9千世帯と、全世帯（5,191万4千世帯）の49.7％
を占めている。
　　また、その世帯構造の構成割合を見ると、昭和55（1980）年には三世代
世帯の割合が最も多く、全体の半数を占めていたが、令和3（2021）年に
なると夫婦のみの世帯が全体の3割強と最も多く、単独世帯と合わせると
約6割となっている。

正解　3）

1－31　認知症の人の家族等介護者への支援

《問》認知症の人の家族等介護者への支援に関する次の記述のうち、最も不適切なものはどれか。
1）認知症患者の診断直後は、家族等介護者の気持ちが落ち着くまで支援を控え、見守る。
2）認知症患者の転倒を避けるために、住環境の整備を行うよう助言する。
3）初期の段階から家族等介護者への教育を行うことで、認知症患者への理解を促す。
4）認知症患者および家族の経済的な負担の軽減策について助言する。

・解説と解答・

1）不適切である。認知症の診断直後は、認知症患者と家族の間でさまざまな葛藤を生み、混乱と不安を伴う期間であり、家族の精神面も含めた支援が必要になる。
2）適切である。要介護者のみならず介護者も転倒しないよう、住環境の中にある見えにくい段差、床を這うコード類など、つまずきを誘発する要因を排除するよう助言する。
3）適切である。介護者は、認知症の人の行動が理解できず、心配し過ぎて自分の時間を犠牲にして見守りをしてしまうことがあり、認知症についての理解を促すことが重要である。
4）適切である。介護サービスの利用やおむつ代などのため支出が増加したり、介護者の離職により収入が減少したりする等、生活困窮に陥ることがあるため、経済的な負担の軽減策についての助言や、介護と仕事の両立について支援を行う。

<u>正解　1）</u>

1−32 認知症への理解①

《問》金融機関行職員の認知症に関する知識の活かし方に関する次の記述のうち、最も適切なものはどれか。

1）認知症の疑いのある顧客と接する場合は、顧客が示す症状を詳細に把握し、認知症であるかどうかの判断を積極的に行う。

2）認知機能の低下がもたらす困難さを理解し、顧客との対話から必要な支援を考える。

3）金融機関の窓口対応において、顧客が言葉の出にくさを示す場合は、血管性認知症をまず疑う。

4）認知症は必ず記憶障害を伴うため、認知症の疑いがある顧客と取引をする際には、本人単独での取引は控え、必ず家族等同席のもと取引を行う。

・解説と解答・

1）不適切である。細かい症状に捉われることなく、顧客が金融機関での目的を達成するためにはどのような支援ができるのか、という視点を持つ必要がある。

2）適切である。金融機関行職員に求められることは、認知症の人のケアではなく、金融業務の遂行である。認知症についての知識を学ぶことで、相手が何に困っているのかに気づき、どのように支援をすれば金融機関での目的を達成することができるのかを適切に判断することが重要である。

3）不適切である。言葉が出にくい場合は、喚語困難のケースが多い。表面的な観察のみで安直な判断を行うことは避けるべきである。

4）不適切である。認知症のなかには、記憶障害以外の認知機能障害（注意障害など）が優勢なものがあり、認知症の人が一律に物忘れを示すとは限らない。そのため、それぞれの認知症の特徴を把握し、顧客がどのような行為に困難さを抱えているのかを理解することで、適切な支援を考えることができるようになる。

正解 2）

1－33　認知症への理解②

《問》以下の〈事例〉のような特徴を示す顧客に対する金融機関の行職員
　の対応に関する次の記述のうち、最も不適切なものはどれか。

〈事例〉

高齢女性が険しい表情で来店し、金融機関窓口の行職員に対し、「預け
ているお金をここのだれか（行職員）に盗まれた、返してちょうだい」
と詰め寄り、大きな声で騒いだ。取引経過を確認すると、３日前に預金
が全額引き出されていた。

1）警察に相談することを考える。

2）「それは腹が立ちますね」と、相手の攻撃的な怒りを受け止める。

3）「詳しくお話いただけますか」と、顧客の訴えを丁寧に聞く。

4）相手を落ち着かせるために静かな部屋へ案内し、１対１で対応す
　　る。

・解説と解答・

1）適切である。警察と連携することで、その後も同じようなことがあった場
　合、警察に記録が残るため、スムーズな対応が可能となり、適切な支援窓
　口へ連携することが期待できる。

2）適切である。本人の訴えのすべてを否定してしまうと、より一層、興奮や
　怒りを強めてしまう可能性があるため、まずは感情を受容する姿勢が大切
　である。

3）適切である。顧客の訴えを丁寧に聞き、興奮している気持ちを落ち着かせ
　ようと努めることが大切である。

4）不適切である。「現金を盗まれた」などという訴えがある場合には、客観
　性を保つためにも、現状の確認や対応は必ず複数人で行うことが前提とな
　る。

正解　4）

第2章

金融機関と公的支援窓口の連携

2-1　公的医療保険制度①

> 《問》公的医療保険制度に関する次の記述のうち、最も不適切なものはどれか。
> 1）国民健康保険の各年度における保険料は、最高限度額が定められている。
> 2）国民健康保険の被保険者の資格取得の届出は、資格を取得した日から20日以内に行うものとされている。
> 3）保険者が都道府県・市町村（特別区を含む）である場合、国民健康保険の保険料は、居住地の市町村（特別区を含む）により異なる。
> 4）健康保険の適用事業所に常時使用される75歳未満の者は、原則として、全国健康保険協会管掌健康保険（協会けんぽ）または組合管掌健康保険に加入することになる。

・解説と解答・

1）適切である。市町村国民健康保険料は、保険者（市町村）ごとの保険料水準に地域差はあるが、均等割（世帯の被保険者数による）、平等割（世帯ごとに一定額）、所得割（世帯に属する被保険者の所得による）、資産割（世帯に属する被保険者の固定資産税額による）の一部または全部の組合せで決まる。ただし、世帯の年間最高限度額が定められている（国民健康保険法76条、同法施行令29条の7、厚生労働省「国民健康保険の保険料・保険税について」）。

2）不適切である。健康保険の被保険者が会社を退職して自営業者となったり、しばらく無職になる場合には、退職日の翌日から14日以内に住所地の市町村役場に国民健康保険の届出をしなくてはならない（国民健康保険法6条、同法施行規則3条）。

3）適切である。都道府県・市町村（特別区を含む）が保険者である国民健康保険の保険料は、全国一律ではなく、保険者により異なる。

　　なお、国民健康保険の保険者には、都道府県・市町村（特別区を含む）が保険者になるものと、職域組合である国民健康保険組合が保険者になるものがある（国民健康保険法3条、76条、同法施行令29条の7）。

4）適切である。健康保険は一般の被用者（会社員）とその扶養家族が加入する医療保険制度で、主として中小企業の被用者等を対象とした「全国健康

保険協会管掌健康保険（協会けんぽ）」と、主として大企業の被用者等を
対象とした「組合管掌健康保険」がある。

　保険料は、被用者の給与水準によって決まり、協会けんぽの場合は被用
者本人と使用者が折半し、組合管掌健康保険の場合は組合ごとに労使の負
担割合を定めている（健康保険法3条1項、5条、6条、高齢者医療確保
法50条）。

正解　2）

2－2　公的医療保険制度②

《問》公的医療保険制度に関する次の記述のうち、最も不適切なものはどれか。

1）わが国の公的医療保険制度は、健康保険を代表とする被用者医療保険と、地域保険である国民健康保険の2本柱の枠組みである。

2）健康保険において、70歳未満の「被保険者本人」の医療費の自己負担割合は、一律3割とされている。

3）わが国の国民皆保険制度は、国民全員を公的医療保険で保障すること、医療機関を自由に選べること、安い医療費で高度な医療を受けられること、社会保険方式を基本としつつ、皆保険を維持するために公費を投入していること、という特徴がある。

4）健康保険においては、被保険者が疾病または負傷により就業不能となった場合、一定の要件を満たすことで傷病手当金が給付されるが、国民健康保険においては、傷病手当金の給付は認められていない。

・解説と解答・

1）適切である（国民健康保険法5条、6条）。

2）適切である。療養の給付の自己負担割合についての記述である。健康保険においては、被保険者本人、被扶養者とも、外来・入院を問わず、原則として3割の医療費の自己負担がある。ただし、小学校就学前の児童（6歳に達する日以後の最初の3月31日以前）は2割、70歳以上75歳未満の者は原則として2割（現役並み所得者は3割）の自己負担割合とされている（健康保険法63条、74条、110条）。

3）適切である（厚生労働省「我が国の医療保険について」）。

4）不適切である。健康保険とは異なり、国民健康保険においては、さまざまな就業形態の者が加入していることを踏まえ、傷病手当金の給付は、保険者ごとの任意給付とされている（認められていないわけではない）。市町村（特別区を含む）を保険者とする国民健康保険において、傷病手当金の支給は原則として行われていないが（新型コロナウイルス感染症による例外的な支給を除く）、一部の国民健康保険組合では傷病手当金の支給が行われている（健康保険法99条、国民健康保険法58条2項）。　　**正解　4）**

2 － 3　公的医療保険制度③

《問》公的医療保険制度に関する次の記述のうち、最も不適切なものはどれか。

1 ）健康保険において、70歳以上の者の医療費の自己負担割合は、現役並み所得者を除き 2 割である。
2 ）健康保険においては、被保険者（加入者本人）に扶養されている家族は被扶養者という位置付けになるが、共済保険や国民健康保険においては加入者 1 人ひとりが被保険者となる。
3 ）わが国の国民医療費の負担構造は、保険料（事業主および被保険者）、公費、患者負担からなるが、令和 2 （2020）年度には被保険者と事業主が支払う保険料が約50％を占めている。
4 ）健康保険の被保険者が、疾病または負傷により労務に服することができない場合で、一定の要件を満たしたときは、傷病手当金が通算で最長 1 年 6 カ月支給される。

・解説と解答・

1 ）適切である。健康保険において、70歳以上の者の医療費の自己負担割合は 2 割（現役並み所得者は 3 割）である（健康保険法74条、110条）。
2 ）不適切である。健康保険や共済保険においては、被保険者（加入者本人）に扶養されている家族は被扶養者という位置付けになるが、国民健康保険においては加入者 1 人ひとりが被保険者となる（健康保険法110条、国家公務員共済組合法57条、国民健康保険法42条）。
3 ）適切である。わが国の国民医療費の負担構造は、令和 2 （2020）年度においては、被保険者の保険料が28.2％、事業主の保険料が21.3％で、全体に占める保険料の割合は約50％である。なお、残りは国庫が25.7％、地方自治体が12.7％と公費が38.4％を占め、患者負担が11.5％となっている（厚生労働省「令和 2 （2020）年度 国民医療費の概況」）。
4 ）適切である。健康保険における疾病手当金は、被保険者が疾病や負傷により休業した日から連続して 3 日間の待期期間を置き、 4 日目以降も休業した場合、その 4 日目から支給される。支給期間は、支給開始日から通算して 1 年 6 カ月である（健康保険法99条）。

正解　2 ）

2−4 公的医療保険制度④

《問》公的医療保険制度に関する次の記述のうち、最も適切なものはどれ
か。
1）健康保険における高額療養費制度の自己負担限度額は、被保険者の
年齢と所得に応じて決められている。
2）月をまたいで入院し、支払った医療費が自己負担限度額を超えてい
れば、暦月単位では自己負担限度額を超えていなくても高額療養費
の支給の対象となる。
3）後期高齢者医療制度の保険料は、所得に応じて定められた全国一律
の保険料率によって計算される。
4）後期高齢者医療制度の保険料率は、3年ごとに見直しが行われる。

・解説と解答・

1）適切である。健康保険における高額療養費制度の1カ月の自己負担限度額
は、被保険者の年齢が70歳以上か否かや、被保険者の所得によって設定さ
れている（健康保険法施行令41条、42条）。

〈70歳以上の者の1カ月の自己負担限度額〉

所得区分	1カ月の自己負担限度額	
	個人単位（外来のみ）	世帯単位（入院含む）
①現役並み所得者Ⅲ 標準報酬月額83万円以上	252,600円 +（医療費−842,000円）× 1 %	
②現役並み所得者Ⅱ 標準報酬月額53万円以上83万円未満	167,400円 +（医療費−558,000円）× 1 %	
③現役並み所得者Ⅰ 標準報酬月額28万円以上53万円未満	80,100円 +（医療費−267,000円）× 1 %	
④一般所得者 （①〜③、⑤・⑥以外の者）	18,000円 （年間上限：144,000円）	57,600円
⑤住民税非課税世帯Ⅱ	8,000円	24,600円
⑥住民税非課税世帯Ⅰ （年金収入80万円以下等）		15,000円

2）不適切である。高額療養費の自己負担限度額は、暦月単位で計算するの
で、月をまたいで入院した場合に、支払った額が自己負担限度額を超えて

いても、暦月単位で自己負担限度額を超えていなければ、支給の対象とならない（健康保険法115条、同法施行令41条、42条）。

3）不適切である。後期高齢者医療制度の保険料は、被保険者の前年所得に応じて計算される所得割額と、被保険者が均等に負担する均等割額の合計額とされており、所得割額の計算に用いる所得割率や均等割額は、保険者である後期高齢者医療広域連合ごとに定められている。

　　したがって、後期高齢者医療制度の保険料は、後期高齢者医療広域連合の都道府県区域ごとに異なる（高齢者医療確保法104条）。

4）不適切である。後期高齢者医療制度の保険料率は、2年ごとに見直しが行われる（高齢者医療確保法104条3項）。

正解　1）

2-5　公的医療保険制度⑤

《問》健康保険の任意継続被保険者に関する次の記述のうち、最も不適切なものはどれか。

1) 健康保険では、一定の要件に該当する場合、資格喪失後も引き続き2年間は被保険者となることができ、これを任意継続被保険者という。

2) 健康保険の被保険者が退職後に任意継続被保険者となった場合、任意継続被保険者の保険料は、任意継続被保険者と事業主であった者が折半して負担する。

3) 健康保険の任意継続被保険者となるためには、健康保険の被保険者資格を喪失した日の前日まで継続して2カ月以上の被保険者期間がなければならない。

4) 健康保険の任意継続被保険者となるためには、原則として、退職した日の翌日から20日以内にそれまで加入していた健康保険の保険者に対して申請手続をする必要がある。

・解説と解答・

1) 適切である。健康保険の任意継続被保険者となるためには、次の要件を満たす必要がある（健康保険法3条4項、37条、38条）。

　①被保険者期間が資格喪失日（退職日の翌日）の前日まで継続して2カ月以上あること

　②資格喪失日から、原則として20日以内に申請をすること（協会けんぽは住所地の各都道府県支部へ、組合管掌健康保険は健康保険組合へ）

2) 不適切である。任意継続被保険者の保険料は、全額自己負担である。なお、任意継続被保険者は、原則として資格喪失前と同じ内容の保険給付を受けることができるが、新たな傷病手当金および出産手当金は支給されない（健康保険法99条1項、161条1項、3項）。

3) 適切である。肢1）の解説を参照。

4) 適切である。肢1）の解説を参照。

正解　2）

2−6　公的医療保険制度⑥

《問》公的医療保険制度に関する次の記述のうち、最も不適切なものはどれか。
1）健康保険の高額療養費制度には、生計を一にする家族単位で、医療費の負担を軽減する世帯合算という仕組みがある。
2）高額療養費制度の対象となる医療費は、保険適用される診療に係るものであり、入院時の食費や差額ベッド代は対象とならない。
3）75歳以上の者は、原則として、後期高齢者医療制度に全員が加入し、個人単位で保険料を支払う。
4）後期高齢者医療制度における医療費の自己負担割合は、原則として1割であるが、一定の所得のある者は、自己負担割合が原則として2割（現役並み所得者は3割）とされる。

・解説と解答・

1）不適切である。世帯合算は、生計を一にする家族単位ではなく、同一健康保険の被保険者およびその被扶養者の自己負担額を合算する仕組みである。したがって、生計を一にする家族であっても別の健康保険の被保険者である場合などは合算の対象にならない（健康保険法115条、同法施行令41条）。

2）適切である。高額療養費制度は、同じ月に、同一の医療機関（医科・歯科別、入院・通院別）で同一の診療を受け、所得に応じた自己負担限度額を超えた分が払い戻される制度である（健康保険法115条、厚生労働省「高額療養費制度を利用される皆さまへ」）。

3）適切である。75歳以上の者は、原則として、全員がそれまでの医療保険から後期高齢者医療制度の被保険者となる（高齢者医療確保法50条、51条）。

4）適切である。後期高齢者医療制度における医療費の自己負担割合は、次のとおりである（高齢者医療確保法67条、同法施行令7条）。
　・3割：現役並み所得者（課税所得145万円以上かつ収入の額の合計が、単身の場合は383万円以上、複数世帯の場合は520万円以上）
　・2割：課税所得が28万円以上かつ「年金収入＋その他の合計所得金額」が単身の場合は200万円以上、複数世帯の場合は320万円以上
　・1割：その他の一般所得者等

<u>正解　1）</u>

2－7　公的医療保険制度⑦

《問》公的医療保険制度に関する次の記述のうち、最も不適切なものはどれか。

1) 健康保険の被保険者が後期高齢者医療制度の被保険者へ切り替わると、同時にその者の被扶養者は後期高齢者医療制度の被扶養者となる。

2) 後期高齢者医療制度の被保険者は、後期高齢者医療広域連合の区域内に住所を有する75歳以上の者、または後期高齢者医療広域連合の区域内に住所を有する65歳以上75歳未満の者であって一定の障害の状態にある旨の認定を受けた者であるが、生活保護受給者は被保険者とされない。

3) 高額療養費制度には、療養のあった月以前の12カ月以内に3回以上高額療養費の支給を受けた場合、4回目から自己負担限度額が引き下げられ、負担が軽減される仕組みがある。

4) 夫婦がそれぞれ異なる健康保険組合の被保険者である場合、家族間であっても高額療養費の世帯合算を行うことはできない。

・解説と解答・

1) 不適切である。後期高齢者医療制度には被扶養者という区分はない。健康保険の被保険者が後期高齢者医療制度の被保険者へ切り替わると、その被扶養者が75歳未満である場合は、国民健康保険の被保険者となるなどの対応が必要である。

2) 適切である。生活保護受給者は、生活保護制度の医療扶助の対象とされるため、国民健康保険や健康保険、後期高齢者医療制度は適用除外とされている（高齢者医療確保法50条、51条）。

3) 適切である。これを多数回該当という（健康保険法施行令42条、国民健康保険法施行令29条の3、高齢者医療確保法施行令15条）。

4) 適切である。自己負担額の世帯合算は、同一の医療保険に加入する家族を単位として行われる。例えば、共働きの夫婦が別々の健康保険に加入している場合、同居していたとしても合算の対象とはならない。また、家庭内に健康保険の被保険者（例：45歳の会社員）と後期高齢者医療制度の被保険者（例：80歳の高齢者）が同居している場合も、それぞれの医療費は合算の対象とはならない。

<u>正解　1)</u>

2－8　介護保険①

《問》公的介護保険に関する次の記述のうち、最も適切なものはどれか。
1）介護保険の保険給付を受けることができる対象者は、第1号被保険者と第2号被保険者でその要件が異なる。
2）介護保険制度の基本的な考え方は、自立支援を理念とし、利用者本位での自己選択により多様な主体から保健医療サービス、福祉サービスを総合的に受けられる制度であり、財源を税金で賄うことで保険制度への加入、未加入等にかかわらずサービスを受けることができる税方式を採用している。
3）介護保険の被保険者は、市町村（特別区を含む）区域内に住所のある65歳以上の者（第1号被保険者）と、30歳以上65歳未満の公的医療保険加入者（第2号被保険者）に分けられる。
4）介護保険の財源構成は、80％を公費、残りの20％を保険料で賄っている。

・解説と解答・

1）適切である。第1号被保険者（65歳以上の者）は、原因を問わず、要介護または要支援として市区町村等から認定されると保険給付を受けることができるが、第2号被保険者（40歳以上65歳未満の公的医療保険加入者）は、特定疾病（加齢に伴い発生する心身の変化に起因する16種類の疾病）により要介護または要支援の認定を受けた場合に保険給付を受けることができる（介護保険法9条、27条4項、32条3項、40～51条の4、52～61条の4）。
2）不適切である。給付と負担の関係が明確な社会保険方式を採用している。
3）不適切である。市町村（特別区を含む）区域内に住所のある65歳以上の者（第1号被保険者）と、40歳以上65歳未満の公的医療保険加入者（第2号被保険者）に分けられる（介護保険法9条）。
4）不適切である。介護保険の財源構成は、50％を公費、残りの50％を保険料で賄っている（厚生労働省「介護保険制度について（40歳になられた方へ）」）。

正解　1）

2－9　介護保険②

> 《問》公的介護保険に関する次の記述のうち、最も不適切なものはどれ
> か。
> 1）介護保険制度は、介護を必要とする高齢者を抱える家族の負担を軽
> 減し、社会全体で支えることを目的として創設され、要介護（要支
> 援）の認定者数は、2024年1月末現在で700万人を超えている。
> 2）介護サービスの対価として介護事業者に支払われる介護報酬は、2
> 年ごとに改定される。
> 3）第1号被保険者が負担する介護保険の保険料は、地域によって異な
> り、全国一律ではない。
> 4）介護保険の第1号被保険者であって、年18万円以上の年金を受給し
> ている者の介護保険料は、年金からの天引きにより徴収されてい
> る。

・解説と解答・

1）適切である。2024年1月末現在で、706.7万人が要介護（要支援）者と認
定されている（厚生労働省「介護保険事業状況報告　月報（令和6年1月
分暫定版）」）。

2）不適切である。介護保険の報酬改定は、原則として3年に1回行われてお
り、2021年度の改定では、地域包括システムの推進や自立支援・重度化防
止の取組みの推進に加えて、感染症や災害への対応強化を図る観点からの
改定が行われた。

　なお、介護報酬とは、介護給付や予防給付等それぞれのサービスの価格
であり、サービスを提供する介護事業者に対して支払われるものである。

　介護事業者は、原則として、介護報酬のうちの1割（または2割、3
割）をサービスの利用者から利用者負担として受け取り、9割（または8
割、7割）を保険者（市町村（特別区を含む））から介護給付費として受
け取る（介護保険法125条）。

3）適切である。第1号被保険者が負担する介護保険の保険料は、保険者であ
る市町村（特別区を含む）における介護保険事業に要する費用額および収
入額を勘案し、市町村（特別区を含む）の条例に従い算定されるため、市
町村（特別区を含む）ごとに異なる保険料となる（介護保険法129条、厚

　生労働省「全国の地域別介護保険料額と給付水準を公表します」)。
4)　適切である。第 1 号被保険者が負担する介護保険の保険料は、原則とし
　　て、年金が支払われる際に年金からの天引きにより徴収（特別徴収）され
　　ているが、年金が年額18万円未満の者等については、自ら市町村（特別区
　　を含む）へ納付（普通徴収）する（介護保険法129条、131条、132条、134
　　条 1 項 1 号、135条、同法施行令41条）。

正解　2)

2-10　介護保険③

《問》公的介護保険に関する次の記述のうち、最も適切なものはどれか。
 1) 要介護認定を受けた被保険者がショートステイを利用したときの食
　　費は、介護保険の保険給付の対象となる。
 2) 75歳以上の者は、現役並み所得者の場合を除き、介護保険の保険料
　　負担はない。
 3) 介護保険の第 2 号被保険者のうち、一定以上の所得のある者が介護
　　保険の保険給付の対象となるサービスを利用した場合の利用者負担
　　は、 2 割または 3 割になる。
 4) 同一月内の介護サービス利用者負担額が、所得状況等に応じて定め
　　られている上限額を超えた場合、所定の手続により、その上限額を
　　超えた額が高額介護サービス費として支給される。

・解説と解答・

1) 不適切である。要介護認定を受けた被保険者が介護保険施設を利用する場
　　合、施設利用時の居住費（滞在費）や食費、日常生活費は介護サービスと
　　はみなされないため、原則として全額が利用者負担となる（介護保険法41
　　条）。
2) 不適切である。65歳以上の介護保険の第 1 号被保険者は、年齢に関係なく
　　全員が介護保険料を負担しなければならない（介護保険法129条、131条、
　　132条）。
3) 不適切である。第 2 号被保険者の利用負担割合は、所得にかかわらず 1 割
　　負担である。
　　　なお、第 1 号被保険者の利用者負担割合は、原則として 1 割負担である
　　が、一定以上の所得のある者は 2 割、特に高い所得のある者は 3 割負担と
　　されている（介護保険法51条、同法施行令22条の 2 の 2 ）。
4) 適切である。介護サービスの利用者負担の上限額は、所得区分に応じて下
　　記のとおりとされている（介護保険法51条、同法施行令22条の 2 の 2 ）。

区分	利用者負担の上限額（月額）
課税所得690万円以上	140,100円（世帯）
課税所得380万円～690万円未満	93,000円（世帯）
市町村民税課税～課税所得380万円未満	44,400円（世帯）
世帯の全員が市町村民税非課税	24,600円（世帯）
前年の公的年金等収入金額＋その他の合計所得金額 　の合計が80万円以下の方等	24,600円（世帯） 15,000円（個人）
生活保護を受給している方等	15,000円（世帯）

正解　4）

2－11　介護保険④

《問》公的介護保険に関する次の記述のうち、最も適切なものはどれか。
1）要介護状態とは、身体上または精神上の障害があるために、入浴、
　排泄、食事等の日常生活における基本的な動作の全部または一部に
　ついて、12カ月にわたり継続して常時介護を要すると見込まれる状
　態をいう。
2）介護給付を受けようとする被保険者は、要介護者に該当することお
　よびその該当する要介護状態区分について、都道府県の認定を受け
　る必要がある。
3）介護保険の第1号被保険者が、介護保険の保険給付の対象となる
　サービスを利用した場合の利用者負担割合は、原則として1割であ
　るが、一定以上の所得のある者については2割または3割になる。
4）要介護認定を申請すると、認定調査が行われ、原則として申請日か
　ら50日以内に要介護状態区分の認定結果が通知される。

・解説と解答・

1）不適切である。要介護状態とは、身体上または精神上の障害があるため
　に、入浴、排泄、食事等の日常生活における基本的な動作の全部または一
　部について、6カ月にわたり継続して常時介護を要すると見込まれる状態
　をいう（介護保険法7条1項、同法施行規則2条）。
2）不適切である。介護保険の保険者は市町村（特別区を含む）であり、要介
　護（要支援）認定は市町村（特別区を含む）から受ける（介護保険法19
　条）。
3）適切である（介護保険法49条の2、59条の2）。
4）不適切である。要介護認定を申請すると、認定調査が行われ、原則として
　申請日から30日以内に要介護状態区分の認定結果が通知される（厚生労働
　省「サービス利用までの流れ」）。

正解　3）

2－12　介護保険⑤

《問》公的介護保険に関する次の記述のうち、最も不適切なものはどれか。

1）要介護（要支援）認定を受けた者が、ポータブルトイレや入浴補助用具などの特定の福祉用具を都道府県の指定を受けている事業所から購入する場合、要介護（要支援）状態区分にかかわらず、年間10万円（自己負担割合分を含む）を上限として購入費の支給を受けることができる。

2）介護保険のサービスを受けるには、現在居住している市町村（特別区を含む）の窓口に要介護（要支援）認定の申請を行うが、申請の際、介護保険の第1号被保険者は「介護保険の被保険者証」、第2号被保険者は「医療保険の被保険者証」が必要になる。

3）要支援認定者は、短期入所サービス（ショートステイ）を利用することができる。

4）介護保険の要介護および要支援状態区分は、要支援1～3段階、要介護1～3段階に分けられており、この6段階の区分により利用できるサービスの種類と量が異なる。

・解説と解答・

1）適切である（介護保険法44条、56条、厚生労働省告示第34号「居宅介護福祉用具購入費支給限度額及び介護予防福祉用具購入費支給限度基準額」、厚生労働省「介護保険における福祉用具」）。

2）適切である。要介護認定を申請すると、原則として、申請日から30日以内に要介護状態区分の認定結果が通知される（介護保険法19条、27条1項、10項、厚生労働省「サービス利用までの流れ」）。

3）適切である。要支援認定者は、介護予防短期入所生活介護や、介護予防短期入所療養介護のサービス（ショートステイ）を利用することができる。

4）不適切である。介護保険の要介護および要支援状態区分は、要支援1～2段階、要介護1～5段階に分けられており、この7段階の区分により利用できるサービスの種類と量が異なる（要介護認定等に係る介護認定審査会による審査及び判定の基準等に関する省令1条、2条）。

<u>正解　4）</u>

2－13　介護保険の介護サービス①

《問》以下の〈事例〉におけるＡの母に適した施設（サービス）として、
　　　次のうち最も適切なものはどれか。

〈事例〉

顧客Ａの母は認知症であり、要介護1に認定されている（ほかに病気は
ない）。だれかの見守り、指示があれば、ある程度の身の回りのことは
でき、歩行も自立している。しかし、自宅で調理中に鍋を焦がしたこと
が過去に数回あり、Ａは母を心配し、どこか安心できる居場所がないか
と思っている。Ａの母も不安げで、常にだれかに見守ってほしいと言っ
ている。

1）特別養護老人ホーム
2）高齢者グループホーム
3）介護医療院
4）短期入所療養介護

・解説と解答・

1）不適切である。特別養護老人ホームの入所要件は、原則として要介護3以
　上であり、Ａの母は特例入所の要件にもあてはまらない（介護保険法8条
　27項、厚生労働省「指定介護老人福祉施設等の入所に関する指針につい
　て」）。

2）適切である。高齢者グループホーム（認知症対応型共同生活介護）は、少
　人数の認知症の高齢者がそれぞれ個室を持ち、職員と入所者がともに食事
　やおやつを調理することもあるような家庭的な雰囲気のなかで、介護職員
　の世話を受けながら共同生活を行うため、Ａの母は常時見守りと支援のあ
　るなか、安心して暮らせる可能性が高い（介護保険法8条20項、8条の2
　第15項、指定地域密着型サービスの事業の人員、設備及び運営に関する基
　準89条等）。

3）不適切である。介護医療院は、長期にわたり療養が必要な要介護者に対し
　て、「日常的な医学管理」や「看取りやターミナルケア」等の医療機能と
　「生活施設」としての機能を兼ね備えた介護施設である。Ａの母はだれか
　の見守り、指示があれば、ある程度の身の回りのことはできるので、介護
　医療院の利用対象者には該当しない（介護保険法8条29項、介護医療院の

　　人員、施設及び設備並びに運営に関する基準10条等）。

4）不適切である。短期入所療養介護（医療型ショートステイ）とは、自宅で療養生活を送っている高齢者が、介護老人保健施設や診療所、病院などの施設に短期入所し、医師や看護職員、理学療法士等による医療や機能訓練、日常生活上の支援などを受ける介護サービスである（介護保険法8条10項、8条の2第8項）。

<u>正解　2）</u>

2−14　介護保険の介護サービス②

《問》介護保険の介護サービスに関する次の記述のうち、最も適切なもの
はどれか。

1）介護老人保健施設は、病気などで入院していた高齢者が退院後、在
宅復帰できるよう支援する施設で、原則として、65歳以上で要介護
1以上の介護認定を受けていることが入所条件となる。

2）平成27（2015）年4月1日以降、特別養護老人ホームへの入所要件
は、要介護3以上の認定者とされ、要介護1〜2の認定者はいかな
る場合も特別養護老人ホームへ入所することができない。

3）認知症対応型共同生活介護（高齢者グループホーム）のサービスを
利用する場合、住民票と異なる市区町村にある施設を利用すること
もできる。

4）短期入所生活介護（ショートステイ）は、利用者が可能な限り自宅
で自立した日常生活を送ることができるよう、自宅にこもりきりの
利用者の孤立感の解消や心身機能の維持回復を目的とするだけでな
く、家族の介護の負担軽減などを目的として実施するサービスであ
り、連続した利用は10日までに制限されている。

・解説と解答・

1）適切である（介護保険法8条28項、介護老人保健施設の人員、施設及び設
備並びに運営に関する基準6条）。

2）不適切である。要介護1〜2の認定者で、居宅において日常生活を営むこ
とが困難である場合には、特例的に入所が認められる（厚生労働省「指定
介護老人福祉施設等の入所に関する指針について」）。

3）不適切である。地域密着型介護老人福祉施設入所者生活介護や認知症対応
型共同生活介護等は、「地域密着型サービス」に該当するため、原則とし
て、施設と同一の市区町村に住民票があることが利用要件となる（介護保
険法8条14項、20項、13条、42条の2）。

4）不適切である。短期入所生活介護（ショートステイ）の連続した利用は30
日までに制限されており、連続30日を超える利用日は保険給付の対象とな
らず、全額が利用者負担となる（介護保険法8条9項、社会保険審議会−
介護給付費分科会「短期入所生活介護」）。　　　　　　　　　<u>正解　1）</u>

2−15　サービス付き高齢者向け住宅

《問》サービス付き高齢者向け住宅に関する次の記述のうち、最も不適切なものはどれか。

1）サービス付き高齢者向け住宅には、「状況把握」と「生活相談」という見守りサービスがあり、サービススタッフが少なくとも日中建物に常勤し、これらのサービスを提供する。

2）サービス付き高齢者向け住宅の入居対象者は、60歳以上の者または要支援・要介護認定を受けている60歳未満の者である。

3）サービス付き高齢者向け住宅は、各専用部分の床面積が原則として15㎡以上であること、各専用部分に、台所、水洗便所、収納設備、洗面設備、浴室を備えたものであること、バリアフリー構造であること、という規模・設備面の基準を満たす必要がある。

4）見守りサービスを提供するスタッフは、医師や看護師、介護福祉士、社会福祉士、介護支援専門員など一定要件を満たすケアの専門家でなければならない。

●解説と解答●

1）適切である（高齢者住まい法7条、国土交通省・厚生労働省関係高齢者の居住の安定確保に関する法律施行規則11条）。

2）適切である（高齢者住まい法5条1項、国土交通省・厚生労働省関係高齢者の居住の安定確保に関する法律施行規則3条）。

3）不適切である。サービス付き高齢者向け住宅は、各専用部分の床面積は、原則25㎡以上であること、各専用部分に、台所、水洗便所、収納設備、洗面設備、浴室を備えたものであること、バリアフリー構造であること、という規模・設備面の基準を満たす必要がある（高齢者住まい法7条、国土交通省・厚生労働省関係高齢者の居住の安定確保に関する法律施行規則8〜10条）。

4）適切である（高齢者住まい法7条、国土交通省・厚生労働省関係高齢者の居住の安定確保に関する法律施行規則11条）。

正解　3）

2－16　地域包括支援センター

《問》地域包括支援センターに関する次の記述のうち、最も適切なものはどれか。

1）包括的支援事業は、①総合相談支援業務、②権利擁護業務、③包括的・継続的ケアマネジメント支援業務の3つの事業で構成されている。

2）地域包括支援センターには介護支援専門員（ケアマネジャー）が常勤し、要介護認定を受けている高齢者に対し、ケアプランの作成や、介護サービスを受けられる事業所の紹介を行う。

3）地域包括支援センターは、高齢者の暮らしを地域でサポートするための拠点として、都道府県が主体となり設置している機関である。

4）地域包括支援センターの指定事業として、指定介護予防支援がある。指定介護予防支援は、介護保険における予防給付の対象となる要支援者が介護予防サービス等の適切な利用等を行うことができるよう、予防給付に関するケアマネジメント業務を行うものである。

・解説と解答・

1）不適切である。包括的支援事業は、①介護予防ケアマネジメント業務、②総合相談支援業務、③権利擁護業務、④包括的・継続的ケアマネジメント支援業務の4つの事業で構成されている（厚生労働省「地域包括支援センターの業務」）。

2）不適切である。本肢は居宅介護支援事業所についての記述である。なお、地域包括支援センターの主な業務は、介護予防支援および包括的支援事業（肢1）の解説参照）で、制度横断的な連携ネットワークを構築して実施している（厚生労働省「地域包括支援センターの業務」）。

3）不適切である。地域包括支援センターは、市町村が主体となり設置している機関であり、包括的支援事業等を実施することで、地域住民の健康の保持および生活の安定のために必要な援助を行うことにより、その保健医療の向上および福祉の増進を包括的に支援することを目的とする施設である（介護保険法115条の46）。

4）適切である。地域包括支援センターは、指定介護予防支援事業者としての指定を受け、介護予防支援事業を主体的に行うこととされている。

　なお、指定介護予防支援とは、要支援1または2の認定者が、介護保険の介護予防サービスおよびその他の必要な医療・保健・福祉サービスを適切に利用できるよう、要支援者からの依頼を受けて、心身の状況や生活環境、本人や家族の希望等を考慮し、利用するサービスの種類や内容等を定めたケアプランを作成するとともに、ケアプランに基づくサービス提供が確保されるよう、サービス提供事業者等との連絡調整等を行って支援することをいう（厚生労働省「地域包括支援センターの設置運営について」）。

<u>正解　4）</u>

2-17　認知症の人を支援する機関

《問》認知症の人を支援する機関に関する次の記述のうち、最も不適切な
ものはどれか。
1）認知症疾患医療センターとは、認知症専門医療の提供と介護サービ
ス事業者との連携を担う中核機関として、都道府県および指定都市
により指定を受けた医療機関のことであり、その規模などにより基
幹型、地域型、連携型（診療所型）の3つの類型がある。
2）地域で暮らす高齢者が認知症などにより、自分の家や現在いる場所
がわからなくなったり、道に迷って行方不明になってしまった場合
の地域における警察署の主な窓口は警備課であり、日頃から地域包
括支援センターと連携している。
3）地域のかかりつけ医（開業医）で、国が定める認知症の研修を受け
た医師は認知症サポート医として指定され、地域のかかりつけ医等
の認知症診断等に関する相談やアドバイス等の活動を行う。
4）社会福祉協議会は、民間の社会福祉活動を推進することを目指して
活動する非営利目的の民間組織であり、社会福祉法に基づき、各都
道府県および市区町村に設置されている。

・解説と解答・

1）適切である（厚生労働省「認知症疾患医療センター運営事業」）。
2）不適切である。高齢者支援に関する警察署の主な窓口は、生活安全課であ
り、日頃から地域包括支援センターと連携している。
3）適切である。認知症サポート医の役割として、地域のかかりつけ医（開業
医）の認知症診断等に関する相談・アドバイスを行うほか、各地域医師会
と「地域包括支援センター」との連携づくりへの協力等がある（平成27年
4月15日付老発0415第6号厚生労働省老健局長通知、東京都福祉保健局
「認知症サポート医養成研修」）。
4）適切である。社会福祉協議会とは、民間の社会福祉活動を推進することを
目的として活動する営利を目的としない民間組織であり、その規模によ
り、全国社会福祉協議会、都道府県社会福祉協議会、市区町村社会福祉協
議会の3つに分類される（社会福祉法人全国社会福祉協議会「社会福祉協
議会とは」）。　　　　　　　　　　　　　　　　　　　　<u>正解　2）</u>

2－18　認知症の人を支援する専門職員①

《問》認知症の人を支援する専門職員に関する次の記述のうち、最も不適
　　切なものはどれか。
1）地域包括支援センターには、原則として、保健師、主任介護支援専
　　門員および介護福祉士の3職種を各1人ずつ配置することとされて
　　いる。
2）介護支援専門員（ケアマネジャー）とは、介護を必要とする人に最
　　適なケアプラン（介護サービス計画）を作成し、介護サービスの調
　　整や管理を行う仕事に従事する者をいい、介護老人福祉施設（特別
　　養護老人ホーム）には、入所者100名に対し常勤1名以上の介護支
　　援専門員を配置することとされている。
3）社会福祉士は、いわゆる「ソーシャルワーカー」と呼ばれる社会福
　　祉専門職の国家資格で、身体的・精神的・経済的なハンディキャッ
　　プのある人から相談を受け、日常生活がスムーズに営めるように支
　　援を行ったり、困っていることを解決できるように支えたりするこ
　　とが主な業務となる。
4）認知症地域支援推進員の要件として、医師や保健師、看護師のほ
　　か、作業療法士、精神保健福祉士、社会福祉士、介護福祉士等が認
　　められている。

・解説と解答・

1）不適切である。地域包括支援センターに原則として配置しなければならな
　　いのは、保健師、社会福祉士および主任介護支援専門員等である（介護保
　　険法115条の46第6項、同法施行規則140条の66）。
2）適切である（介護保険法88条、指定介護老人福祉施設の人員、設備及び運
　　営に関する基準2条、厚生労働省「介護支援専門員（ケアマネジャー）」）。
3）適切である（社会福祉士及び介護福祉士法2条1項）。
4）適切である（厚生労働省「認知症地域支援推進員」）。

正解　1）

2－19 認知症の人を支援する専門職員②

《問》認知症の人を支援する専門職員に関する次の記述のうち、最も適切なものはどれか。

1）認知症地域支援推進員とは、認知症の人が住み慣れた地域で安心して暮らし続けるために、医療機関や介護サービス等地域の支援機関の連携を図るための支援や、認知症の人やその家族を支援する相談業務を行う者をいい、各市町村役場に配置されているが、地域包括支援センターへの配置はない。

2）社会福祉士は、専門的知識および技術をもって身体的、精神的、経済的な課題、または環境上の理由により支障がある人の相談に乗り、日常生活がスムーズに送れるように支援を行う社会福祉の専門職であり、必ず居宅介護支援事業所に配置される。

3）介護支援専門員（ケアマネジャー）は、要介護者や要支援者およびその家族等からの相談に応じ、その人の課題を解決し自立した生活を維持するために、各種サービスを受けられるようにケアプランの作成や市町村、サービス事業者、施設等との連絡調整を行う。

4）介護福祉士は、地域包括支援センターが認定する民間資格で、主にホームヘルパー（訪問介護員）や特別養護老人ホーム、身体障害者施設等の社会福祉施設の介護職員として、介護業務に従事している。

・解説と解答・

1）不適切である。認知症地域支援推進員は、市町村ごとに、地域包括支援センター、市町村、認知症疾患医療センター等に配置されている（「認知症地域支援推進員活動の手引き（2019年3月版）」）。

2）不適切である。居宅介護支援事業所に必置とされるのは、介護支援専門員（ケアマネジャー）である。

　　社会福祉士は、地域包括支援センターに配置されるほか、都道府県の福祉事務所や社会福祉協議会など仕事の範囲や対象は多岐にわたる（指定居宅介護支援等の事業の人員及び運営に関する基準2条、社会福祉士及び介護福祉士法2条、介護保険法115条の46第6項、同法施行規則140条の66）。

3）適切である。介護支援専門員（ケアマネジャー）は、各都道府県が認定す

る公的資格である（介護保険法 7 条 5 項）。

4 ）不適切である。介護福祉士は、社会福祉および介護福祉法に基づく国家資格で、主にホームヘルパー（訪問介護員）や特別養護老人ホーム、身体障害者施設等の社会福祉施設の介護職員として、介護業務に従事している（厚生労働省「介護福祉士の概要について」）。

<u>正解　3 ）</u>

2 －20　全国銀行協会「金融取引の代理等に関する考え方および銀行と地方公共団体・社会福祉関係機関等との連携強化に関する考え方」①

《問》全国銀行協会が公表した「金融取引の代理等に関する考え方および銀行と地方公共団体・社会福祉関係機関等との連携強化に関する考え方（令和3年2月18日）」について説明した以下の文章の空欄①〜②にあてはまる語句の組合せとして、次のうち最も適切なものはどれか。

金融審議会市場ワーキング・グループ報告書にも記載されているとおり、「顧客に認知判断能力の低下があると思われるような兆候・行動が見られ、かつその状態を放置すれば（　①　）に重大な支障をきたすような場合で、緊急性が高いと思われる場合など、例外的ケースにおいては、個人情報保護法との関係においても家族や行政、福祉関係機関に顧客の必要情報（氏名、住所、（　②　））を提供できる場合もある」と考えられる。

1）　①　顧客財産　　　②　症状等
2）　①　顧客財産　　　②　生年月日
3）　①　顧客の生命　　②　症状等
4）　①　顧客の生命　　②　生年月日

・解説と解答・

　全国銀行協会は、会員銀行各行が、高齢顧客（特に認知判断能力の低下した方）やその代理人と金融取引を行う際や、社会福祉関係機関等と連携する際の参考となるよう、「金融取引の代理等に関する考え方および銀行と地方公共団体・社会福祉関係機関等との連携強化に関する考え方」を公表した。本問は、その一部抜粋である。

　「金融審議会市場ワーキング・グループ報告書にも記載されているとおり、「顧客に認知判断能力の低下があると思われるような兆候・行動が見られ、かつその状態を放置すれば（①顧客財産）に重大な支障をきたすような場合で、緊急性が高いと思われる場合など、例外的ケースにおいては、個人情報保護法

との関係においても家族や行政、福祉関係機関に顧客の必要情報（氏名、住所、（②症状等））を提供できる場合もある」と考えられる。」

正解　1）

第 3 章

財産管理

3−1　成年後見制度①

《問》顧客Aから、「最近、実家の母の物忘れが激しくなり、お金の管理
が難しくなっているため、成年後見制度を利用したいと思っていま
す。実家は遠方のため、後見人は専門家に依頼したいと思っている
のですが、どのようなことに注意すべきか教えてください」との相
談を受けた。この場合の回答として、次のうち最も適切なものはど
れか。

1)「ご実家が遠方のためにA様がお母様の成年後見人、保佐人、補助
人になることができない場合、手続を進めるためにはA様ご自身で
弁護士や司法書士、社会福祉士等の専門家を探すことになります」

2)「家庭裁判所が成年後見人、保佐人、補助人を選任する際には、お
母さまの状態や生活状況、財産状況、本人の意見などを考慮して決
めることになります」

3)「A様が、弁護士や司法書士、社会福祉士等の専門職と複数人で成
年後見人になる場合、必ず権限を分けなければなりません」

4)「社会福祉協議会などの法人は、成年後見人になることはできませ
ん」

・解説と解答・

1) 不適切である。家庭裁判所は、後見等開始の審判をするときは、職権で、
成年後見人等を選任する（民法843条 1 項、876条の 2 第 1 項、876条の 7
第 1 項）。

　　なお、申立人側からも後見人候補者を推薦することはできるが、裁判所
はその推薦に拘束されるわけではない。

2) 適切である。家庭裁判所が成年後見人を選任する際には、成年被後見人の
心身の状態ならびに生活および財産の状況、成年後見人となる者の職業お
よび経歴ならびに成年被後見人との利害関係の有無（成年後見人となる者
が法人であるときは、その事業の種類および内容ならびにその法人および
その代表者と成年被後見人との利害関係の有無）、成年被後見人の意見そ
の他いっさいの事情を考慮しなければならない（民法843条 4 項、876条の
2 第 2 項、876条の 7 第 2 項）、とされている。

3) 不適切である。成年後見人は複数人でもよく、各人が単独で権限を行使す

る場合もあれば、家庭裁判所が、職権で、数人の成年後見人が、共同して
または事務を分掌して、その権限を行使すべきことを定める場合もある
（民法859条の２第１項）。

４）不適切である。社会福祉協議会等の社会福祉法人や公益法人（公益社団法
　　人・公益財団法人）等を成年後見人に選任することができる。

　　　なお、成年後見人となる者が法人であるときは、その事業の種類および
　　内容ならびにその法人およびその代表者と成年被後見人との利害関係の有
　　無を考慮しなければならない（民法843条４項、876条の２第２項、876条
　　の７第２項）とされている。

正解　２）

3-2 成年後見制度②

《問》顧客Aから、「最近、父の成年後見人になりました。成年後見人が
できる事務について教えてください」との相談を受けた。この場合
の回答として、次のうち最も不適切なものはどれか。

1)「成年後見人の事務の1つに身上監護があります。身上監護とは、
成年被後見人の生活、治療、療養、介護などに関する法律行為を行
うことをいい、成年被後見人に対し成年後見人が直接介護や看護な
どを行うことは含まれていません」

2)「成年後見人の事務の1つに被後見人に代わって財産の管理を行う
財産管理があります。財産管理には、財産を維持することだけでな
く処分することも含まれています」

3)「成年後見人の事務には、本人が手術を受ける場合の医療行為に関
する同意も含まれます」

4)「成年後見人の事務には、病院への入院契約の締結は含まれます
が、本人に対する入院の強制まではできません」

・解説と解答・

1)適切である。成年後見人の事務は、財産管理以外に本人の生活、療養看護
に関する事務(契約の締結などの法律行為であって、原則、介護などの事
実行為を含まない)を行うこととされている(民法858条)。

2)適切である。成年後見人は、成年被後見人の財産を適正に管理する義務を
負うが、一方で、成年被後見人を代理し、成年被後見人の財産に関する法
律行為を行うことができ、その法律行為のなかには売却や賃貸等の処分も
含まれる(民法859条1項)。

　　ただし、成年被後見人の居住の用に供する建物またはその敷地について
処分するには、家庭裁判所の許可が必要となる(同法859条の3)。

3)不適切である。成年後見人の事務には、本人の身体に対する強制を伴う行
為は含まれておらず、医療契約の締結権限はあるが、手術などの医療行為
に関する同意または拒否の意思表示を代理決定する権限はない。

4)適切である。成年後見人の事務には、本人の身体に対する強制を伴う行為
は含まれておらず、成年後見人といえども、入院の強制はできない。

　　ただし、成年後見人は、成年被後見人が精神障害者であり、医療および

入院の必要があるものの本人の同意に基づく入院ができない場合、精神保健及び精神障害者福祉に関する法律 5 条 2 項、33 条 1 項により、当該精神障害者の「家族等」として、精神科病院への入院についての同意権を有し、その同意によって精神科病院の管理者がその精神障害者を入院させることができるようになる。

<u>正解　3)</u>

3-3　成年後見制度③

《問》顧客Aから、「亡くなった父の遺産分割協議もあり、このたび、私
　　が母の成年後見人になったのですが、家庭裁判所から、弁護士が後
　　見監督人になる、と言われています。どのような場合に後見監督人
　　が選ばれるのか、後見監督人の職務も含めて教えてください」との
　　相談を受けた。この場合の回答として、次のうち最も適切なものは
　　どれか。
1）「亡くなられたお父様の遺産分割協議において、相続人であるA様
　　とお母さまの利害が対立します。後見監督人が選ばれていると、そ
　　の後見監督人がお母様を代表して、遺産分割協議を行うことになり
　　ます」
2）「後見監督人の職務は、A様の成年後見事務を監督することと、A
　　様とお母様との利益が相反する行為についてお母様を代表すること
　　の2つです」
3）「後見監督人が選任された場合、A様の後見事務の報告は、後見監
　　督人の報告と併せて、家庭裁判所に対して行うことになります」
4）「後見監督人が選任された場合、成年後見人の事務には、すべて、
　　後見監督人の同意が必要となります」

・解説と解答・

1）適切である。成年後見人と成年被後見人との利益が相反する行為につい
　　て、後見監督人が選任されている場合には、後見監督人が、成年被後見人
　　を代表する（民法851条4号）。
2）不適切である。成年後見監督人の職務は、①後見人の事務を監督するこ
　　と、②後見人が欠けた場合に、遅滞なくその選任を家庭裁判所に請求する
　　こと、③急迫の事情がある場合に、必要な処分をすること、④後見人また
　　はその代表する者と被後見人との利益が相反する行為について被後見人を
　　代表すること、である（民法851条）。
3）不適切である。後見監督人が選任されている場合、後見監督人から後見事
　　務の報告の提出を求められることから、後見事務の報告は、通常は後見監
　　督人に対して行うことになる（民法863条1項）。
4）不適切である。成年後見人が、成年被後見人を代理して営業を行う場合に

おいて、または成年被後見人を代理して民法13条1項2号以下に列挙された行為（被保佐人であれば保佐人の同意を要するほとんどの行為）を行う場合において、後見監督人が選任されているときは、後見監督人の同意を得なければならないとされているが、すべての後見事務について同意を要するわけではない（民法864条）。

正解　1）

3 − 4　成年後見制度④

《問》顧客Ａから、「このたび、父の成年後見人になりました。金融機関
　との関係で注意する点を教えてください」との相談を受けた。この
　場合の回答として、次のうち最も不適切なものはどれか。
1 ）「後見監督人が選任されている場合、預金の払戻しには、その後見
　　監督人の同意が必要です」
2 ）「お父様に関する金融取引は、Ａ様を法定代理人として行うことに
　　なります」
3 ）「Ａ様の借入れについて、お父様の保有する資産に担保権を設定す
　　る場合は、利益相反になりますので、家庭裁判所で特別代理人を選
　　任していただくことになります」
4 ）「お父様のご自宅を売却する場合には、あらかじめ家庭裁判所の許
　　可が必要になります」

・解説と解答・

1 ）不適切である。成年後見人が、成年被後見人を代理して民法13条１項に列
　挙された行為（保佐人の同意を要する行為）を行う場合において、後見監
　督人が選任されているときは、後見監督人の同意を得なければならないと
　されているが（民法864条）、ここには、預金の払戻し（元本の領収）は含
　まれていない（同但書）。
2 ）適切である。成年後見人は、金融取引に関する代理権を有することから
　（民法859条１項）、金融機関との取引は、成年後見人が本人を代理して行
　うことになる。
3 ）適切である。成年後見人と成年被後見人との利益が相反する行為について
　は、成年後見人は、成年被後見人のために、特別代理人を選任することを
　家庭裁判所に請求しなければならない（民法860条、826条１項）。また、
　後見監督人が選任されている場合には、後見監督人が、成年被後見人を代
　表する（同法851条４号）。
4 ）適切である。成年被後見人の居住用不動産を売却等する場合は、成年後見
　人は、売買契約を締結する前に、家庭裁判所の許可を得なければならない
　（民法859条の３）。この許可を得ないで売買等を行った場合、その行為は
　無効となる。

正解　1 ）

3－5　成年後見制度⑤

《問》顧客Ａから、「母の認知症が進み、成年後見制度の利用を考えています。成年後見制度を利用するにはどうすればいいか教えてください」との相談を受けた。この場合の回答として、次のうち最も不適切なものはどれか。

1）「成年後見制度を利用するための申立ては、お母様の住所地を管轄する家庭裁判所に対して行ってください」
2）「成年後見制度を利用するための申立ては、本人、配偶者、2親等内の親族、成年後見人等、任意後見人、後見監督人等、市町村（特別区を含む）長、検察官に限り行うことができます」
3）「成年後見制度を利用するための申立てに必要な費用は、原則として申立人が負担します」
4）「成年後見制度を利用するための申立てを行うと、家庭裁判所の許可を得なければ取り下げることはできません」

・解説と解答・

1）適切である。成年後見の申立ては、成年被後見人となる者の住所地（原則として住民登録をしている場所）を管轄する家庭裁判所に行う（家事事件手続法117条）。
2）不適切である。成年後見の申立てができる人は、本人、配偶者、4親等内の親族、未成年後見人等、任意後見人、未成年後見監督人等、市町村（特別区を含む）長、検察官である（民法7条、老人福祉法32条、知的障害者福祉法28条等、裁判所「申立てをお考えの方へ（成年後見・保佐・補助）」）。
　　なお、4親等内の親族とは、親、祖父母、子、孫、ひ孫、兄弟姉妹、甥、姪、おじ、おば、いとこ、配偶者の親、子、兄弟姉妹などである。
3）適切である（家事事件手続法28条1項、東京家庭裁判所「申立てにかかる費用・後見人等の報酬について」）。なお、事情により、手続費用を成年被後見人本人に負担させることが認められる場合もある（家事事件手続法28条2項）。
4）適切である（家事事件手続法121条1号、133条、142条）。

正解　2）

3−6 成年後見登記制度

《問》顧客Aから、「役所で、後見登記がなされていないことの証明書が
必要だと言われました。成年後見人であることは、戸籍に記載され
ると思っていたのですが違うのですか。後見登記について教えてく
ださい」との相談を受けた。この場合の回答として、次のうち最も
適切なものはどれか。
1）「任意後見契約については、任意後見監督人が選任されて任意後見
契約の効力が生ずるまで、後見登記には記録されません」
2）「後見登記がなされていないことの証明書は、全国の法務局、地方
法務局の窓口でしか取得することができません」
3）「A様に後見登記がなされていないことの証明書は、A様はもちろ
ん、どなたでも取得することができます」
4）「現在の成年後見制度では、成年被後見人、被保佐人、被補助人に
ついて、戸籍への記載ではなく、東京法務局にて登記されることに
なっています」

・解説と解答・

1）不適切である。任意後見契約は、任意後見契約が登記されている場合にお
いて、本人の事理弁識能力が不十分な状況になり、任意後見監督人が選任
された時からその効力を生じる（任意後見契約法2条1号、4条1項）。
公証人は、任意後見契約の証書を作成すると、登記所に任意後見契約の登
記の嘱託をしなければならない（公証人法57条の3）とされている。
　任意後見監督人が選任された時は、裁判所書記官が、任意後見監督人の
選任の審判について後見登記の嘱託をする（家事事件手続法116条、別表
第1第111号、家事事件手続規則77条1項3号）。
2）不適切である。登記事項証明書や「登記されていないことの証明書」の郵
送ならびにオンラインでの交付請求を東京法務局民事行政部後見登録課で
取り扱っている。
　なお、窓口での交付請求は、全国の法務局、地方法務局で取り扱ってい
る（東京法務局「登記されていないことの証明申請について」）。
3）不適切である。後見登記にかかる登記事項証明書（記録がないときは「登
記されていないことの証明書」）の交付を請求することができるのは、本

人、配偶者、4親等内の親族等、一定の者に限られる（後見登記等に関する法律10条）。

4）適切である。現在の成年後見制度が実施されるまでの「禁治産・準禁治産制度」においては、家庭裁判所でそれらの宣告があると、本籍地に通知されて戸籍に記載がされていた。現在は、成年後見開始の審判が確定すると、裁判所の書記官がその登記を嘱託する（家事事件手続法116条、家事事件手続規則77条1項1号）。

正解　4）

3－7　成年後見制度利用促進法

《問》成年後見制度利用促進法に関する次の記述のうち、最も不適切なものはどれか。

1）成年後見制度の利用促進にあたっての基本理念の1つである「成年後見制度の理念の尊重」とは、「ノーマライゼーション」「自己決定権の尊重」「身上の保護の重視」のことである。

2）成年後見制度の利用促進にあたっての基本理念の1つである「地域の需要に対応した成年後見制度の利用の促進」において、市民のなかから成年後見人等の候補者を育成し、その活用を図ることを通じて成年後見人等となる人材を十分に確保することで、地域における需要に的確に対応することを掲げている。

3）第二期成年後見制度利用促進基本計画において、計画的に講ずべき施策として、総合的な権利擁護支援策の充実を掲げている。

4）成年後見制度の理念の尊重に係る基本方針の1つとして、成年後見、保佐、補助の制度のうち最も利用が多い成年後見制度の利用を特に促進するための方策について検討を加え、必要な措置を講ずることを掲げている。

・解説と解答・

1）適切である。成年後見制度の利用の促進は、①成年被後見人等が、成年被後見人等でない者と等しく、基本的人権を享有する個人としてその尊厳が重んぜられ、その尊厳にふさわしい生活を保障されるべきこと（＝「ノーマライゼーション」）、②成年被後見人等の意思決定の支援が適切に行われるとともに、成年被後見人等の自発的意思が尊重されるべきこと（＝「自己決定権の尊重」）、および③成年被後見人等の財産の管理のみならず身上の保護が適切に行われるべきこと（＝「身上の保護の重視」）等の成年後見制度の理念を踏まえて行われるものとする（成年後見制度利用促進法3条1項）、と規定している。

2）適切である。判断能力が衰えた高齢者が増加するなか、弁護士や司法書士、社会福祉士などの専門職だけでは増え続ける成年後見需要への対応が困難になることが考えられるため、「市民後見人」の育成・確保を基本理念の1つとしている（成年後見制度利用促進法3条2項）。

3）適切である。第二期成年後見制度利用促進基本計画では、計画的に講ずべ
き施策として、総合的な権利擁護支援策の充実を掲げている。成年後見制
度の見直しの検討をより深めていくために、成年後見制度以外の権利擁護
支援策を総合的に充実させていく必要があるとしている。

　　そのため、新たに意思決定支援等によって本人を支える各種方策や司法
による権利擁護支援を身近なものとする各種方策の検討を進め、福祉制度
や事業の必要な見直しも検討するとしている。

4）不適切である。成年後見制度を利用しまたは利用しようとする者の能力に
応じたきめ細かな対応を可能とする観点から、成年後見制度のうち利用が
少ない保佐および補助の制度の利用を促進するための方策について検討を
加え、必要な措置を講ずることを掲げている（成年後見制度利用促進法11
条1号）。

正解　4）

3－8　任意後見契約①

《問》顧客Aから、「私たち夫婦には子供がいないので、将来のことを考えて甥Bとの間で任意後見契約を締結したいと思っています。任意後見契約の概要について教えてください」との相談を受けた。この場合の回答として、次のうち最も不適切なものはどれか。

1）「任意後見契約は、法律に精通した公証人が関与して、公正証書によって締結するので安心です」

2）「任意後見人の報酬も、任意後見監督人の報酬も、当初の任意後見契約において決めることができます」

3）「任意後見契約では、将来の代理権の内容と代理人（任意後見人）を決めることになるので、不確定なことも多く、生活環境が変わった場合には、遺言と同様に見直しをしなければいけないケースもあります」

4）「任意後見契約では、A様や奥様の判断能力が不十分になった後に、任意後見監督人が選任されて、B様の任意後見の仕事を監督することになります」

・解説と解答・

1）適切である。任意後見契約は、委任者（本人）と任意後見受任者との間で、公証人が関与して、公正証書によって締結する（任意後見契約法3条）。

　　公証人は、委任者である本人および受任者と面接をして、任意後見制度の趣旨に基づき、契約締結に関する判断能力や契約内容について確認するため、適法な契約がなされる（公証人法26条）。

2）不適切である。任意後見人の報酬は任意後見契約のなかで決定することができるが、任意後見監督人の選任は家庭裁判所が行い（任意後見契約法4条1項）、その報酬についても家庭裁判所がその額を定める（同法7条4項、民法862条）。

3）適切である。任意後見契約は、委任者（本人）と任意後見受任者との間で締結する、将来の法律行為に関する委任契約である（任意後見契約法2条）。そのため、居住環境など不確定なことも多く、数年ごとに代理権の内容、代理人（任意後見人）との関係を確認する必要がある。

4）適切である。任意後見契約は、本人の事理弁識能力が不十分になった後
　　に、本人、配偶者、4親等内の親族、任意後見受任者の請求により、家庭
　　裁判所で任意後見監督人を選任し（任意後見契約法4条1項）、契約が発
　　効することになる（同法2条1号）。

　　　任意後見監督人は、任意後見人の事務を監督し、家庭裁判所に定期的に
　　報告することになっている（同法7条1項1号、2号）。

正解　2）

3－9 任意後見契約②

《問》顧客Aから、「将来のことを考えて、姪Bとの間で任意後見契約を
締結したいと思っています。任意後見契約の概要について教えてく
ださい」との相談を受けた。この場合の回答として、次のうち最も
適切なものはどれか。

1）「任意後見契約の発効後、任意後見人は、任意後見監督人の同意が
得られれば、その代理権の範囲外の事務も代理することができま
す」

2）「任意後見契約で委任する事項は、法律行為だけでなく、介護等の
事実行為も含まれます」

3）「任意後見契約が発効するのは、A様の法律行為に関する判断能力
が不十分になり、家庭裁判所で任意後見監督人が選任された時で
す」

4）「任意後見契約において、同意権・取消権を定めることもできます」

・解説と解答・

1）不適切である。任意後見人の代理権は、任意後見契約で定められた代理権
の範囲にとどまる（任意後見契約法2条1号）。任意後見監督人には、代
理権の範囲を拡張する権限はない（同法7条）。

2）不適切である。任意後見契約で定める代理権は、「自己の生活、療養看護
および財産管理に関する事務」という法律行為のみである（任意後見契約
法2条1号）。

3）適切である。任意後見契約は、本人の事理弁識能力が不十分になった後
に、本人、配偶者、4親等内の親族、任意後見受任者の請求により、家庭
裁判所で任意後見監督人が選任された時から効力を生ずる（任意後見契約
法2条1号、4条1項）。

4）不適切である。任意後見契約は、代理権に関する契約であり、任意後見人
に、本人の法律行為の同意権・取消権を付与することはできない（任意後
見契約法2条1号）。なお、代理権の設定により、本人自身が有する解除
権・取消権を代理行使することは可能である。

正解 3）

3－10　日常生活自立支援事業①

《問》顧客Ａから、「１人暮らしをしている母は、このところ物忘れが目立ち、介護支援専門員（ケアマネジャー）から、『金銭管理が難しくなったので、日常生活自立支援事業を利用してはどうか』との話がありました。どのようなサービスが受けられるのか教えてください」との相談を受けた。この場合の回答として、次のうち最も不適切なものはどれか。

1）「日常生活自立支援事業では、年金証書、登記済証、保険証書、実印、銀行届出印等の預かりサービスをしています」
2）「日常生活自立支援事業では、住宅の改造や家屋の賃借に関する情報の提供、相談事業などをしています」
3）「日常生活自立支援事業では、年金や福祉手当の受領、福祉サービスの利用料金、医療費、税金や社会保険料、公共料金の支払手続の支援などをしています」
4）「日常生活自立支援事業では、不動産売買契約の代理をしています」

・解説と解答・

1）適切である。日常生活自立支援事業の財産保全サービスとして、通帳や証書などの保管をしている。
2）適切である。日常生活自立支援事業の福祉サービスの利用援助として、住宅改造や居住家屋の賃借に関する情報提供や相談、日常生活上の消費契約および住民票の届出等の行政手続に関する援助、その他福祉サービスの適切な利用のために必要な一連の援助をしている。
3）適切である。日常生活自立支援事業の日常的金銭管理サービスとして、年金および福祉手当の受領に必要な手続、医療費を支払う手続、税金や社会保険料、公共料金を支払う手続、日用品等の代金を支払う手続、これらの支払いに伴う預金の払戻し、預金の解約、預金の預入れの手続がある。
4）不適切である。日常生活自立支援事業は、判断能力が不十分な人の日常生活の自立を支援するために、福祉サービスの利用援助をするもので、不動産などの重要な財産の売買について代理を行うことはできない。

正解　4）

3－11　日常生活自立支援事業②

《問》顧客Aから、「1人暮らしをしている母が、このところ物忘れが目立ち、介護支援専門員（ケアマネジャー）から、『金銭管理が難しくなったので、日常生活自立支援事業を利用してはどうか』との話がありました。どのような制度なのか教えてください」との相談を受けた。この場合の回答として、次のうち最も不適切なものはどれか。

1）「日常生活自立支援事業を利用するにあたって、本人の判断能力が不十分な場合は、家族がその契約を結ぶことになります」
2）「日常生活自立支援事業は、判断能力に不安のある高齢者や知的障害者、精神障害者などであって、1人で介護サービスや配食サービスなどの契約をすることが難しくなった人、不安がある人に、その契約の助言や同行、小口の金銭管理、年金証書や通帳などの証書の預かりを行うサービスです」
3）「日常生活自立支援事業は、主に、市区町村にある社会福祉協議会が、受付の窓口になっています」
4）「日常生活自立支援事業の実施主体は、都道府県社会福祉協議会・指定都市社会福祉協議会です。社会福祉法という法律で定められた事業で、利用料は、実施主体によって異なりますが、低額になっています」

・解説と解答・

1）不適切である。日常生活自立支援事業は、あくまでも、本人を支援する事業であり、利用者は、判断能力が不十分ではあるものの、この事業の契約内容について判断できる能力があると認められる者とされている。そのため、契約の締結についても、専門の相談員（「専門員」という）が無料で相談に乗り、契約内容を確認して、本人が契約をすることになる。

　なお、日常生活自立支援事業の契約締結後は、「生活支援員」（契約の内容に沿って、定期的に利用者の自宅を訪問し、福祉サービスの利用手続の助言や同行、預貯金の預入れや払戻しなどの代行を行う担当者）がサービスを担当する。

2）適切である。日常生活自立支援事業の利用者は、判断能力が不十分な者

（認知症高齢者、知的障害者、精神障害者などであって、日常生活を営むのに必要なサービスを利用するための情報の入手、理解、判断、意思表示を本人のみでは適切に行うことが困難な者）で、この事業の契約内容について判断できる能力があると認められる者とされている。

　援助内容は、福祉サービスの利用援助、日常的金銭管理サービス、書類等の預かりサービスである。

3）適切である。日常生活自立支援事業は、都道府県と指定都市の社会福祉協議会が事業主体となり（社会福祉法81条）、その窓口は、各市区町村にある社会福祉協議会である。

4）適切である。日常生活自立支援事業は、都道府県と指定都市の社会福祉協議会が事業主体となり、国庫補助事業となっている。

　福祉サービスや日常的金銭管理サービスの利用料については、1回1時間当たり平均1,200円（厚生労働省ウェブサイト日常生活自立支援事業）だが、実施主体によっては、1回1時間当たり1,000円以下のところもある。なお、生活保護受給世帯の人は、利用料が免除されている。

正解　1）

3-12 任意の代理人取引

《問》顧客Aから、「実家の母は物忘れが多くなり、地元の社会福祉協議
会に頼んで日常生活自立支援事業を利用しているようです。今は、
担当の生活支援員が、母の取引金融機関で預金を下ろしてお小遣い
を届けてくれるそうですが、どのような制度なのか教えてくださ
い」との相談を受けた。この場合の回答として、次のうち最も不適
切なものはどれか。

1) 「社会福祉協議会が行っている日常生活自立支援事業のサービスの
1つである日常的金銭管理サービスは、財産管理契約に基づくもの
ではなく、行政サービスです」

2) 「日常生活自立支援事業は、福祉サービス利用援助やそれに付随し
た日常的な金銭管理等を行うことを援助の内容としており、生活支
援員がご本人に代わって第三者と契約等を行う場合には、一般の任
意代理に基づく事業として手続ができる仕組みです」

3) 「金融機関では、預金者であるお母様と代理人である社会福祉協議
会から代理人届を提出していただき、また、担当の生活支援員の名
簿も提出していただき、それらを確認したうえで対応しています」

4) 「サービスを安心して利用していただくために、サービスの実施に
あたっては、サービス提供の適正さを監督するための運営適正化委
員会が設置されています」

・解説と解答・

1) 不適切である。社会福祉協議会は、社会福祉法109条に基づき設置された
非営利の民間団体であり、日常的金銭管理サービスも、財産管理契約の一
種である。

2) 適切である。日常生活自立支援事業は、社会福祉法81条で定められた福祉
サービス利用援助事業で、日常生活自立支援事業の利用者は、判断能力が
不十分な者（認知症高齢者、知的障害者、精神障害者などであって、日常
生活を営むのに必要なサービスを利用するための情報の入手、理解、判
断、意思表示を本人のみでは適切に行うことが困難な者）で、この事業の
契約内容について判断できる能力があると認められる者とされている。

援助内容は、福祉サービスの利用援助、日常的金銭管理サービス、書類

等の預かりサービスである。

3）適切である。日常生活自立支援事業の日常的金銭管理サービスは、利用者との間では財産管理契約となる。

　　金融機関は、通常の財産管理契約と同様、契約内容を確認のうえ、預金者である本人と代理人である社会福祉協議会から代理人届を提出してもらうことになる。

　　窓口には、担当の生活支援員が訪れることから、その者が生活支援員であることの証明書の写しなどの提出を求めている。

4）適切である（社会福祉法83条）。

正解　1）

3－13　財産管理等委任契約と任意後見契約

《問》顧客Aから、「脳梗塞で倒れて外出ができない友人から、私との間で、財産管理等委任契約と任意後見契約を締結したいので相談に乗ってほしいと言われました。どのようなものか教えてください」との相談を受けた。この場合の回答として、次のうち最も適切なものはどれか。

1）「その両契約を同時に締結して、本人の判断能力に問題がない間は財産管理等委任契約によって代理行為をし、本人の判断能力が不十分になった後は、家庭裁判所に任意後見監督人の選任を求め、任意後見契約によって代理行為を行う契約です。移行型任意後見契約ともいいます」
2）「同時期に作成された財産管理等委任契約の代理権と、任意後見契約の代理権は、常に同じ内容になります」
3）「同時期に作成された財産管理等委任契約の報酬と、任意後見契約の報酬は、常に同じ金額となります」
4）「財産管理等委任契約発効後、本人が判断能力を欠く常況になっても、受任者は任意後見契約を発効する必要はありません」

・解説と解答・

1）適切である。財産管理等委任契約と任意後見契約のいずれも委任契約ではあるが、任意後見契約は、公正証書での締結を要件とし（任意後見契約法3条）、判断能力が不十分になった後、任意後見監督人の選任が、契約が効力を生ずるための要件とされている（同法2条1号、4条1項）。

　移行型任意後見契約としてこの両契約を同時に締結することで、財産管理に空白期間を設けないというメリットがある。
2）不適切である。財産管理等委任契約には、財産管理だけでなく、福祉・介護サービス契約や行政手続の代理権限を含むものもあるが、任意後見契約とは別契約であり、本人の判断能力が不十分になった後の代理権とは、一般的に異なる。
3）不適切である。財産管理等委任契約は、任意後見契約とは別契約であり、一概に同じ報酬金額になるとはいえない。
4）不適切である。任意後見契約と併用して財産管理等委任契約を締結するの

は、本人の財産等を空白期間なく管理するためである。受任者は、本人の事理弁識能力が不十分になったときに、本人に状況を説明し、理解してもらったうえで、家庭裁判所に任意後見監督人選任の申立てをし、任意後見契約を発効すべきである。

　本肢のように、既に、本人が判断能力を欠く常況であれば、代理人の監督ができない状態であるため、速やかに任意後見契約に移行すべきである。

<u>正解　1）</u>

3 −14 遺言等①

《問》遺言等に関する次の記述のうち、最も適切なものはどれか。
1）作成された公正証書遺言は裁判所のシステムに登録され、検索することができる。
2）自筆証書によって遺言をする場合、各頁に署名押印をすれば、遺言書の本文をパソコン等で作成することが可能である。
3）秘密証書遺言は、財産目録を除く本文と氏名を自書する必要があり、印鑑については実印である必要がある。
4）相続開始後に法的要件を充足している複数の遺言が発見された場合、複数の遺言に記載がある同じ事項について遺言同士で内容が抵触するときは、新しい遺言が有効となる。

・解説と解答・

1）不適切である。公正証書遺言は、日本公証人連合会の遺言検索システムに登録され、検索することができる。
2）不適切である。自筆証書によって遺言をする場合、相続財産の全部または一部の目録を遺言書に添付するときには、その財産目録の各頁に署名押印をすれば、その目録については自書しなくてもよいとされている（民法968条2項）。
3）不適切である。秘密証書遺言は、氏名のみが自書である必要がある。また、印鑑については、実印である必要はないが、証書を封印する際に使用する印鑑と同じものでなければならない（民法970条1項2号）。
4）適切である。法的要件を充足している遺言であれば形式による効力の差はないが、同じ事項について遺言同士で内容が抵触するときは、新しい遺言で前の遺言を撤回したものとみなす（民法1023条1項）。

正解　4）

3-15 遺言等②

《問》遺言等に関する次の記述のうち、最も適切なものはどれか。
1) 民法上、婚姻関係が認められる夫婦であれば、公正証書で遺言をする場合は、2人が同一の証書で遺言をすることが認められている。
2) 遺言者は、いつでも、遺言の方式に従って、その遺言の全部または一部を撤回することができる。
3) 公正証書で遺言をする場合、遺言者の推定相続人や受遺者は証人となることはできないが、これらの配偶者や直系血族は、成年者であれば証人となることができる。
4) 遺言によって遺贈の指定を受けた受遺者は、遺言者の意思を尊重する観点から、当該遺贈を放棄することはできない。

・解説と解答・

1) 不適切である。遺言は、2人以上の者が同一の証書ですることはできない（民法975条）。
2) 適切である（民法1022条）。
3) 不適切である。推定相続人および受遺者ならびにこれらの配偶者および直系血族は、遺言の証人または立会人にはなることができない（民法974条）。
　　なお、公正証書遺言を作成するには、2人以上の証人の立会いが必要とされる（民法969条1号）。
4) 不適切である。受遺者は遺言者の死亡後いつでも遺贈の放棄をすることができる（民法986条1項）。

<u>正解　2)</u>

3－16 遺言等③

《問》遺言等に関する次の記述のうち、最も不適切なものはどれか。
 1）遺贈の目的の範囲を遺言者が自己の財産全体に対する割合をもって
　　 表示した遺贈を包括遺贈という。
 2）遺贈とは、遺言による相続財産の処分をいい、相続とは区別される
　　 が、相続と同様に遺言者の死亡の時から効力を生じる。
 3）包括遺贈がなされたとしても、受遺者は相続人と同一の権利義務を
　　 有するものではない。
 4）包括受遺者には、相続人による相続の放棄・承認の規定が適用され
　　 る。

・解説と解答・

1）適切である。遺贈の目的の範囲を遺言者が自己の財産全体に対する割合を
　 もって表示した遺贈を包括遺贈といい、遺贈の目的を特定する遺贈を特定
　 遺贈という（民法964条）。
2）適切である（民法985条1項）。
3）不適切である。包括遺贈がなされた場合、受遺者は相続人と同一の権利義
　 務を有するとされている（民法990条）。
4）適切である（民法990条、915条、916条）。

正解　3）

3－17　遺言等④

《問》遺言等に関する次の記述のうち、最も不適切なものはどれか。
1）遺贈において、遺言者（被相続人）が死亡した時に受遺者が生存していない場合は、受遺者の相続人（子）がその地位を承継する。
2）被相続人が遺言によって相続人の相続分を指定している場合、その指定相続分は法定相続分に優先する。
3）遺言者が、遺言をした後に、その遺言の内容に抵触する財産の生前処分を行った場合、その抵触した部分については、遺言を撤回したものとみなされる。
4）公正証書遺言は、その原本が公証役場に保管されているため、遺言者が正本を破棄しても撤回の効力は生じない。

・解説と解答・

1）不適切である。遺贈は、遺言者の死亡前に受遺者が死亡した場合は、その効力を生じないこととされている。したがって、受遺者の相続人は、その地位を承継しないこととなる（民法994条）。
2）適切である（民法902条1項）。
3）適切である。遺言の効力が発生するのは、遺言者が死亡したときからであり、遺言者はいつでも遺言を撤回または新たに遺言をすることができる（民法1023条2項）。
4）適切である。

正解　1）

3－18　信託に関する知識①

> 《問》信託に関する次の記述のうち、最も適切なものはどれか。
> 1) 特定贈与信託は、特定障害者の生活費や医療費等として定期的に金銭を交付するもので、特定障害者の両親など贈与した人が亡くなった時点で信託は終了となる。
> 2) 信託法上、遺言代用信託で指定する自身の死亡後の資金の受取人や金額は、委託者が自由に定めることができる。
> 3) 後継ぎ遺贈型受益者連続信託では、判断能力がある時に信託契約を締結することで、信頼できる親族に財産管理を託すことができるが、自分が亡くなった後の複数世代にわたる長期の財産の承継方法を指定することはできない。
> 4) 後見制度支援信託は、後見制度を財産管理面でバックアップするための信託で、信託された金銭から本人の生活費用などの支出に充当するための定期交付や、必要に応じて成年後見人の判断で医療目的等のための一時交付をすることができる。

・解説と解答・

1) 不適切である。特定贈与信託は、贈与者が亡くなった後も信託銀行等が引き続き財産を管理・運用し、残された特定障害者の生活資金等を交付することができる信託である。

2) 適切である。ただし、相続人の遺留分を侵害することによる争い等を避けるため、遺言代用信託を扱う多くの信託銀行等では、受取人を相続人や近しい親族とし、金額を一定金額以下としているケースが多い。

3) 不適切である。後見制度とは違い、契約の仕方によっては、自分が亡くなった後の複数世代にわたる長期の財産の承継方法を指定することができる。

4) 不適切である。後見制度支援信託は、家庭裁判所の関与のもとに行われる信託で、信託契約の締結、一時金の交付、信託の変更、解約は家庭裁判所の指示書に基づいて行われ、成年後見人の判断だけでは一時金の交付はできない。

正解　2)

3 −19　信託に関する知識②

《問》信託に関する次の記述のうち、最も不適切なものはどれか。
1 ）特定贈与信託を利用すると、特別障害者については6,000万円、特別障害者以外の特定障害者については3,000万円を限度として相続税が非課税となる。
2 ）遺言代用信託を利用して相続した場合と普通に相続した場合とにおいて、相続税の金額に違いはない。
3 ）後継ぎ遺贈型受益者連続信託は、家族の間の信頼を基礎とした財産管理スキームであり、委託者の希望に沿って、相続税対策や有効活用、将来の財産処分、余裕資金の積極運用など、柔軟な設計が可能である。
4 ）後見制度支援信託は、家庭裁判所の指示書に基づき、成年後見人が成年被後見人を代理して、成年被後見人を委託者兼受益者、信託銀行等を受託者として設定される。

・解説と解答・

1 ）不適切である。特定贈与信託を利用することで非課税となるのは、相続税ではなく贈与税である。
2 ）適切である。遺言代用信託は生命保険とは異なり、相続税の非課税限度額等の措置はなく、相続税の金額に違いはない。遺言代用信託のメリットは、自身の相続開始時に、残された家族にスムーズに資金を承継できることである。
3 ）適切である。一方、成年後見制度は家庭裁判所等の関与・監督を通じた制約を受けることとなる。
4 ）適切である。後見制度支援信託は、家庭裁判所の関与により、被後見人（成年被後見人）を委託者兼受益者とする自益信託として設定される。

正解　1 ）

3−20　後見制度支援預貯金

《問》後見制度支援預貯金に関する次の記述のうち、最も不適切なものは
どれか。

1）後見制度支援預貯金は、成年後見、未成年後見および保佐において
利用することができ、補助、任意後見においては利用することがで
きない。

2）後見制度支援預貯金とは、後見制度による支援を受ける者（本人）
の財産のうち、日常的な支払をするのに必要十分な金銭を預貯金等
として後見人が管理し、通常使用しない金銭を金融機関で開設でき
る後見制度支援預貯金口座に預け入れるもので、同口座に係る取引
（出金や口座解約など）をする場合には、あらかじめ家庭裁判所が
発行する指示書を必要とする仕組みである。

3）後見制度支援預貯金は最低預入金額の下限がなく、普通預金金利型
の場合、普通預金の店頭表示金利が適用される。

4）後見制度支援預貯金は、後見人等による不正利用防止を目的とした
金融商品であり、既に信託銀行等が先行して取り扱っていた後見制
度支援信託に並立・代替する仕組みとして導入された。

・解説と解答・

1）不適切である。後見制度支援預貯金は、成年後見と未成年後見を対象とし
ており、保佐と補助、任意後見においては利用することができない。な
お、金融機関によっては、未成年後見においても利用できない場合があ
る。

2）適切である。後見制度支援預貯金を利用すると、通常の預貯金とは異な
り、家庭裁判所があらかじめ発行する指示書を提出しなければ預貯金の払
戻しや口座解約ができないため、後見人等による不正の防止に資する制度
といえる（東京家庭裁判所後見センター「後見センターレポート VOL.18
後見制度支援預金の取扱いが始まりました。」）。

3）適切である。

4）適切である。

正解　1）

3-21 後見制度支援信託・後見制度支援預貯金

《問》後見制度支援信託および後見制度支援預貯金に関する次の記述のうち、最も適切なものはどれか。

1) 後見制度支援信託の設定手続に関与した専門職後見人に対する報酬の額は、後見制度による支援を受ける者（本人）の家族と専門職後見人の協議により決定される。

2) 後見制度支援信託や後見制度支援預貯金は、家庭裁判所の指示に基づき、利用の可否が決定される。

3) 後見制度支援信託で管理される信託財産は、信託銀行等により元本が保証されるが、預金保険制度の保護対象にはならない。

4) 信託契約締結後や支援預貯金口座開設後、後見制度による支援を受ける者（本人）に多額の支出が発生し、後見人が手元で管理している金銭だけでは足りない場合は、家庭裁判所から払戻しのため指示書の発行を受けて、後見制度支援信託や後見制度支援預貯金から指示書に記載された金額の払戻しを受けることができる。

・解説と解答・

1) 不適切である。家庭裁判所は、後見人および被後見人の資力その他の事情によって、後見制度による支援を受ける者（本人）の財産のなかから、相当な報酬を後見人に与えることができるものとされており、報酬の決定権限は家庭裁判所にあるため、後見制度による支援を受ける者（本人）の家族と専門職後見人の協議で決定することはできない（民法862条）。

2) 不適切である。後見制度支援信託や後見制度支援預貯金は家庭裁判所から検討を求められたとしても、必ず利用しなければならないものではない。
　　ただし、利用しない場合には、後見制度による支援を受ける者（本人）の財産を適切に管理するために、裁判官の判断によって後見監督人が選任されることがある。

3) 不適切である。後見制度支援信託で管理される信託財産は、元本補填契約のある金銭信託で運用されるため、信託銀行等により元本が保証されるとともに、預金保険制度の保護対象として、1金融機関ごとに合算して、預金者1人当たり元本1,000万円までと破綻日までの利息等が保護される。

4) 適切である。　　　　　　　　　　　　　　　　　　　<u>正解　4）</u>

3 −22　長生きリスクに備える保険

《問》個人顧客Ａ（50歳）は、妻Ｂ（48歳）と２人暮らしである。Ａは、年齢が50歳となったことから、老後の保障を充実させたいと思っていたところ、日頃利用している金融機関で下記の生命保険の提案を受けた。このとき、金融機関の営業担当者ＣのＡに対する説明として、次のうち最も適切なものはどれか。

〈個人顧客Ａが提案を受けた生命保険に関する資料〉

保険の種類：無配当終身介護保障保険

月払保険料：14,000円（終身払込）

契約者（＝保険料負担者）・被保険者・受取人：Ａ

指定代理請求人：妻Ｂ

主契約および特約の内容	保障金額	保険期間
終身介護保障保険 (注1)	介護終身年金　年額60万円	終身
介護一時金特約 (注1)	介護一時金　　　300万円	終身
認知症一時金特約 (注2)	認知症一時金　　300万円	終身
指定代理請求特約	－	－

注１：公的介護保険制度の要介護２以上と認定された場合、または保険会社所定の要介護状態になった場合に支払われる。

注２：公的介護保険制度の要介護１以上と認定され、かつ保険会社所定の<u>器質性認知症</u>と診断確定された場合に支払われる。

※なお、死亡保険金の支払いはないものとする。

1）「認知症一時金が支払われる要件の１つである器質性認知症とは、アルツハイマー型認知症や血管性認知症、軽度認知障害（MCI）などをいいます」

2）「認知症保障に係る保険料は、保険金額が同じであれば、被保険者の年齢にかかわらず同一の保険料となります」

3）「この生命保険の保険料は、特約保険料も含めて介護医療保険料控除の対象となります。ただし、適用限度額があるので注意が必要です」

4）「Ａ様が、この生命保険の介護終身年金を受け取ることになった場合、年金額が20万円を超えることになるので、確定申告を行う必要があります」

・解説と解答・

1 ）不適切である。器質性認知症とは、「疾病、傷害及び死因の統計分類提要
ICD-10（2013年版）準拠（第 2 巻）」（厚生労働省大臣官房統計情報部）
に記載された分類項目のうち、アルツハイマー病の認知症（F00）、血管
性認知症（F01）、パーキンソン病の認知症（F02.3）等をいい、軽度認知
障害（MCI）は含まれないことが一般的である。

2 ）不適切である。認知症保障に係る保険料は、契約時における被保険者の年
齢や保険料率に基づき算出される。

3 ）適切である。主契約の終身介護保障保険料、介護一時金特約保険料、認知
症一時金特約保険料は、介護医療保険料控除の対象となる。

　　ただし、適用限度額は、所得税が年間40,000円、住民税が年間28,000円
である（タックスアンサー№.1140、所得税法76条 2 項、地方税法34条 1 項
5 号ロ）。

4 ）不適切である。身体の傷害に起因して支払を受ける保険金や給付金は非課
税とされるため、確定申告を行う必要はない（所得税法施行令30条）。

<u>正解　　3 ）</u>

第4章

高齢者取引に係る法律・制度

4-1 意思能力と行為能力①

《問》意思能力と行為能力に関する次の記述のうち、最も不適切なものは
　　どれか。
1) 一般に、自らの行為によって法律行為の効果を確定的に自己に帰属さ
　せる能力を、行為能力という。
2) 金融機関が意思能力のない人と契約を結んだ場合でも、その人の意思
　能力がないことを知らず、契約書を作成し、署名押印を得ていれば、
　その契約は有効である。
3) 金融機関が高齢者との間で契約を結んだ場合、その高齢者が契約を結
　んだときに意思能力を有していれば、契約後に意思能力を失ったとし
　ても、契約は有効である。
4) 行為能力が制限されている者の例として、成年被後見人、被保佐人、
　被補助人のほか、未成年者が挙げられる。

・解説と解答・

1) 適切である。また、一般に、契約等の法律行為がいかなる結果を招くかを
　認識する精神能力を、意思能力という。
2) 不適切である。金融機関が意思無能力について知っていたかどうかにかか
　わらず、また外形的に契約書を作成し署名押印がなされていたとしても、
　契約は無効とされる（民法3条の2）。
3) 適切である。契約時に意思能力があれば、その後、意思無能力となっても
　契約の効力に問題はない。
4) 適切である（民法5条1項、2項、9条、13条4項、17条4項）。

正解　2)

4－2　意思能力と行為能力②

《問》意思能力と行為能力に関する次の記述のうち、最も適切なものはどれか。

1）行為能力が制限されている高齢者が、制限されている範囲の事項について、勝手に金融機関との間で契約を結んだ場合、契約の時から20年経過したときであっても取消権を行使することができる。

2）高齢者が、体調が悪いのに金融機関の店舗に来店し、意識が朦朧とした状態で契約の内容をまったく理解できずに金融機関と契約を結んだ場合は、意思能力がないとされるが、行為能力があればその契約は有効となる。

3）裁判例によれば、単独で遺言をすることができる15歳に達した者でなければ、意思能力がないとされている。

4）制限行為能力者となった高齢者が、制限されている範囲の事項である融資契約を勝手に金融機関との間で締結し、後日、行為能力の制限を理由にその融資契約が取り消された場合、その高齢者は、現に利益を受けている分に限り、融資金を金融機関に返還すればよいとされている。

・解説と解答・

1）不適切である。取消権は、追認をすることができる時から5年間行使しないときは、時効によって消滅する。行為の時から20年を経過したときも、同様である（民法126条）。

2）不適切である。意識が朦朧とした状態で契約の内容を理解できずに契約を結んだ場合に問題となるのは、行為能力の有無ではなく意思能力の有無である。行為能力があっても意思能力がなければ、契約は無効となる（民法3条の2）。

3）不適切である。そのように判示した裁判はない。裁判例によれば、7歳から10歳程度であれば意思能力があるとされている。

4）適切である。制限行為能力を理由に契約が取り消された場合、契約は始めから無効であったものとみなされる（民法121条）。行為の時に制限行為能力者であった者は、その行為によって現に利益を受けている限度において、返還の義務を負う（同法121条の2第3項）。　　　　　　正解　4）

4－3　金融商品取引法①

《問》甲銀行が個人顧客に投資信託を販売する場合における損失補塡に関する次の記述のうち、最も不適切なものはどれか。

1）甲銀行が勧誘の際に断定的判断を提供しており、それに基づいて投資信託を購入した顧客に損害が生じた場合、甲銀行の不法行為に起因するものであるので、甲銀行は、内閣総理大臣の確認を受けることなく損失補塡を行うことができる。

2）甲銀行が、顧客に損失が生じた場合において、顧客の損失の全部または一部を補塡するために顧客に財産上の利益を提供することは、「事故」に係る損失の補塡の場合を除いて禁止されている。

3）甲銀行が、顧客に損失が生じることとなった場合に顧客の損失の全部または一部を補塡するために顧客に財産上の利益を提供する旨を約束することは、「事故」に係る損失の補塡の場合を除いて禁止されている。

4）甲銀行が過失により顧客の注文の事務処理を誤り、それにより顧客に損害が生じた場合、帳簿書類・記録により金融商品事故であることが明らかであるときは、甲銀行は、内閣総理大臣の確認を受けることなく損失補塡を行うことができる。

・解説と解答・

1）不適切である。断定的な判断の提供等の法令違反行為を行うことにより顧客に損失を及ぼした場合は、内閣総理大臣の確認のほか、確定判決があるとき等所定の場合を除き、事故確認手続を要する（金融商品取引法39条3項、金融商品取引業等に関する内閣府令118条1号ホ、119条）。

2）適切である（金融商品取引法39条1項3号、3項）。

3）適切である（金融商品取引法39条1項1号、3項）。

4）適切である。金融商品取引業者等が事務処理を誤ることによって顧客に損失が生じた場合で、帳簿書類または顧客の注文の記録の内容によって事故であることが明らかな場合には、損失補塡をするにあたって、事故であることの確認は不要とされている（金融商品取引法39条3項、金融商品取引業等に関する内閣府令119条1項11号、118条1号ハ）。

正解　1）

4－4　金融商品取引法②

《問》金融機関の投資信託販売における適合性の原則および説明義務に関する次の記述のうち、最も適切なものはどれか。

1）適合性の原則によれば、投資信託の勧誘・販売は、顧客の知識、経験、財産の状況に加え、顧客の投資信託購入の目的に適合したかたちで行うことが求められる。

2）適合性の原則は、反社会的勢力に対して投資信託の販売を行わないという原則であり、それ以外の金融機関の既存顧客には適用されない。

3）適合性の原則と説明義務は相互に補完し合う関係にあるため、ある顧客に対して、適合性の原則からは勧誘・販売すべきではない商品であっても、特に丁寧に説明義務を尽くすことにより勧誘・販売することが可能となる。

4）投資信託の販売における登録金融機関の説明義務は、投資信託の購入実績のある顧客については、契約締結前交付書面や目論見書等を交付すれば履行したことになる。

・解説と解答・

1）適切である（金融商品取引法40条1号）。

2）不適切である。適合性の原則は、反社会的勢力の排除とは目的が異なる（金融商品取引法40条）

3）不適切である。説明義務を尽くすためには、個々の投資家によって異なる知識、経験、財産の状況、投資目的に応じて必要十分な説明を行い、リスクに対する理解と納得を得ることが重要である。もっとも、狭義の適合性の原則を満たさない投資家に対しては、そもそも一定の商品の取引を行ってはならない（金融商品取引法40条1号）。

4）不適切である。説明義務の実質化の観点から、金融商品取引業者等は、単に契約締結前交付書面や目論見書等を交付するだけでなく、契約の概要、手数料等、元本割れリスク等について、顧客の知識、経験、財産状況、契約締結目的に照らして、その顧客に理解されるために必要な方法および程度による説明をすることとされている（金融商品取引業等に関する内閣府令117条1項1号）。　　　　　　　　　　　　　　　**正解　1）**

4－5　金融サービス提供法①

> 《問》甲銀行が個人顧客と取引を行う場合の金融サービス提供法の適用に
> 関する次の記述のうち、最も適切なものはどれか。なお、本問にお
> ける「個人顧客」は、金融サービス提供法上の特定顧客ではないも
> のとする。
> 1) 金融サービス提供法の規定により、個人顧客が甲銀行に対して重要
> 事項の説明義務違反を理由に損害の賠償を請求する場合、元本欠損
> 額が当該顧客に生じた損害の額と推定される。
> 2) 金融サービス提供法の規制は、甲銀行が取り扱うことのできる、個
> 人顧客とのすべての契約締結について適用される。
> 3) 甲銀行は、金融サービス提供法上の重要事項の説明を、顧客の属性
> にかかわりなく、一般的な個人顧客に理解されるために必要な方法
> と程度により画一的に行う必要がある。
> 4) 個人顧客との契約締結にあたり、甲銀行が金融商品の販売に係る事
> 項について断定的判断の提供を行うことは、金融サービス提供法に
> おいては禁止されていない。

・解説と解答・

1) 適切である（金融サービス提供法4条、6条、7条1項）。
2) 不適切である。金融サービス提供法の適用範囲については、預金、貯金、
定期積金等のほか、保険契約、一定の有価証券取引、デリバティブ取引な
どが限定列挙されており、国内商品先物取引や銀行の融資等は含まれない
（金融サービス提供法1条、3条）。
3) 不適切である。金融サービス提供法上の重要事項の説明は、顧客の知識、
経験、財産の状況および当該金融商品の販売に係る契約を締結する目的に
照らして、当該顧客に理解されるために必要な程度および方法により行う
必要がある（金融サービス提供法4条2項）。
4) 不適切である。金融サービス提供法上、金融商品販売業者等が、金融商品
の販売に係る事項について、不確実な事項につき断定的判断の提供を行う
こと、または、確実であると誤認させるおそれのあることを告げることが
禁止されている（金融サービス提供法5条）。

正解　1)

4-6 金融サービス提供法②

《問》金融サービス提供法上、金融商品販売業者等の顧客に対する「説明
　　義務」に関する次の記述のうち、最も不適切なものはどれか。な
　　お、本問における「顧客」は、一般顧客とする。
1）金融商品販売業者等が顧客に対し、過去に同種の内容の金融商品を
　　販売している場合、重要事項の説明を省略することができる。
2）外貨預金は、為替相場の変動を原因として元本欠損を生じる可能性
　　がある旨を説明しなければならない。
3）投資信託は、組入有価証券等の価格変動に伴い当該投資信託の基準
　　価額が変動し、元本欠損を生じる可能性がある旨を説明しなければ
　　ならない。
4）金融サービス提供法の適用対象となる金融商品について、「クーリ
　　ング・オフの有無」は、金融商品販売業者等に説明義務がある重要
　　事項に該当しないが、契約締結前交付書面の主要な記載事項であ
　　る。

・解説と解答・

1）不適切である。過去に同一の金融商品の販売を行ったことをもって、重要
　　事項の説明を省略できる旨の規定は設けられていない。
2）適切である（金融サービス提供法4条1項1号）。
3）適切である（金融サービス提供法4条1項1号）。
4）適切である（金融サービス提供法4条1項）。「クーリング・オフの有無」
　　は、金融商品取引法が定める契約締結前交付書面の主要記載事項である
　　（金融商品取引法37条の6、金融商品取引業等に関する内閣府令82条9号）。

<u>正解　1）</u>

4－7　消費者契約法①

> 《問》消費者契約に関する次の記述のうち、最も不適切なものはどれか。
> 1）事業者が、消費者が認知症等により判断力が著しく低下しているために生計、健康その他の事項に関し現在の生活の維持に過大な不安を抱いていることを知りながら、消費者の不安をあおり、正当な理由がないのに、契約を締結しなければ現在の生活の維持が困難となる旨を告げた結果、消費者が困惑して契約の申込みまたは承諾をした場合には、消費者は意思表示を取り消すことができる。
> 2）事業者が勧誘に際し、消費者契約の目的となるものの分量、回数または期間が消費者にとっての通常の分量、回数または期間を著しく超えるものであることを知っていた場合において、消費者がその勧誘によって契約の申込みまたは承諾をした場合には、消費者は意思表示を取り消すことができる。
> 3）消費者契約の条項において、事業者が債務不履行をして消費者に損害を生じさせたときでも、事業者の損害賠償責任の全部が免除される旨の条項を定めた場合、事業者と消費者が契約している以上、当該免責条項は原則として有効である。
> 4）消費者契約法の規定は、消費者契約の申込みまたはその承諾の意思表示の取消しおよび消費者契約の条項の効力について定めて消費者を特に保護する法律の規定であるから、民法や商法の規定と競合する場合には、消費者契約法の規定が民法や商法に優先し、競合しない場合には、消費者は民法または商法の規定による保護を受けることができる。

・解説と解答・

1）適切である。事業者が、消費者の加齢等による判断能力の著しい低下を利用して不安をあおることにより、困惑した消費者が自由な判断ができなくなることから、消費者は意思表示を取り消すことができる（消費者契約法4条3項7号）。

2）適切である。過量な内容の消費者契約として契約を取り消すことができる（消費者契約法4条4項）。

3）不適切である。原則として無効である。なお、消費者契約が有償契約で契

約の目的物が契約内容に適合していない場合で、たとえば、事業者に追完の責任や代金減額の責任が課されているような場合には、例外的に有効となる場合がある（消費者契約法8条1項1号、8条2項）。

4）適切である。消費者契約法は、民法および商法の特別法である（消費者契約法11条1項）。

<u>正解　3）</u>

4－8　消費者契約法②

《問》消費者契約に関する次の記述のうち、最も不適切なものはどれか。
1）事業者が契約の勧誘につき、重要事項について事実と異なることを告げ、これを事実と誤認した消費者が契約の申込みまたは承諾をした場合には、消費者は意思表示を取り消すことができる。
2）事業者が将来における変動が不確実な事項につき断定的判断を提供して消費者を勧誘した場合において、消費者が提供された断定的判断の内容が確実であると誤認したときには、消費者は意思表示を取り消すことができる。
3）事業者が勧誘に際し、重要事項ないしこれに関連する事項について、消費者の利益となる事実を告げ、かつ、不利益となる事実を故意に告げなかったことにより、消費者が不利益な事実を存在しないと誤認して契約の申込みまたは承諾をした場合であっても、事業者が事実告知をしようとするのを消費者が拒んだ場合には、消費者は意思表示を取り消すことができない。
4）事業者が契約の勧誘につき、勧誘している場所から消費者が退去する意思を示しているにもかかわらず、退去させない場合において、消費者が契約の申込みまたは承諾をしたときには、消費者は困惑したか否かにかかわらず意思表示を取り消すことができる。

・解説と解答・

1）適切である。不実告知類型として、消費者は意思表示を取り消すことができる（消費者契約法4条1項1号）。
2）適切である。断定的判断の提供類型として、消費者は意思表示を取り消すことができる（消費者契約法4条1項2号）。
3）適切である。不利益事実の不告知型の場合、消費者は原則として意思表示を取り消すことができるが、事業者の事実告知を消費者が拒んだ場合には例外的に取り消すことができない（消費者契約法4条2項）。
4）不適切である。退去妨害型として消費者が取り消すことができるのは、消費者が困惑して契約の申込みまたは承諾をした場合に限られる（消費者契約法4条3項2号）。

正解　4）

4 - 9　預金者保護法①

《問》預金者保護法等に関する次の記述のうち、最も適切なものはどれ
か。
1）金融機関は、インターネットバンキングにおける不正な払戻しによ
る被害の場合でも、CD・ATMからの預貯金払戻し等の場合と同
様に、補塡することを申し合わせている。
2）盗難通帳による預金の不正な払戻しが行われたことについて、金融
機関が善意・無過失である場合には、預金者は被害について補塡を
受けることができない。
3）預金者保護法により保護されるのは、偽造カード等や盗難カード等
を用いて不正に行われたCD・ATMからの預金の払戻しまたは借
入れにより被害を受けた預貯金者である個人または法人である。
4）預金者は、盗難通帳による預金の不正な払戻しが行われたことにつ
いて自らに過失がなかったことを立証しなければ、被害について補
塡を受けることができない。

・解説と解答・

1）適切である（全国銀行協会「預金等の不正な払戻しへの対応について
（2008年2月19日）」）。
2）不適切である。全国銀行協会「預金等の不正な払戻しへの対応について
（2008年2月19日）」は、金融機関の善意・無過失を前提として、預金者の
過失の有無やその程度により金融機関の補塡割合を定めたものである。
3）不適切である。預金者保護法では、預貯金者を金融機関と預貯金等契約を
締結する「個人」と定義しており、法人は対象となっていない（預金者保
護法2条2項）。
4）不適切である。預金者の過失の有無や程度についての立証責任は金融機関
に転換されており、顧客の保護に重点を置いた取り決めとなっている。

正解　1）

4－10　預金者保護法②

《問》預金者保護法等に関する次の記述のうち、最も不適切なものはどれか。なお、金融機関は善意・無過失であるものとする。

1）預金者は、盗難カードによる預金の不正な払戻しが行われた場合において、警察などの捜査機関への被害届等の提出をしなくても、金融機関に対し、①速やかな通知を行ったこと、②盗取に関する状況の十分な説明を行ったこと、のいずれにも該当した場合に、不正な払戻し額に相当する金額の補填を求めることができる。

2）盗難カードによる預金の不正な払戻しが行われた場合において、預金者への補償額は、預金者に過失（重大な過失を除く）が認められるときは、補填対象額の75％に減額される。

3）盗難カードによる預金の不正な払戻しが行われた場合において、預金者と同居する親族、同居人または家事使用人によって払戻しが行われ、そのことを金融機関が証明した場合は、補償されない。

4）盗難カードによる預金の不正な払戻しが行われた場合において、預金者が盗難に遭ったカードの表面に暗証番号を書いていた場合は、預金者に重大な過失があったものとして補償されない。

・解説と解答・

1）不適切である。預金者が金融機関から預金者保護法による被害額の補填を受けるには、①速やかな通知、②盗取に関する状況の十分な説明、および③捜査機関への被害届等の提出の申告、が要件となる（預金者保護法5条1項）。

2）適切である。盗難キャッシュカード被害の補償額は、預金者無過失の場合は被害額100％、軽過失の場合は75％、重過失の場合は0％である（預金者保護法5条2項、3項1号イ）。なお、全国銀行協会の申合せにおいても、盗難通帳を使用した被害の補償額について、同様の規定となっている。

3）適切である。預金者の同居の親族その他の同居人または家事使用人によって払戻しが行われたことを金融機関が証明した場合は、補償されない（預金者保護法5条3項1号ロ）。

4）適切である。預金者に本肢のようなケースや、暗証番号を他人に知らせ

る、カードを安易に他人に渡す等の重過失がある場合は補償されない（預金者保護法5条3項1号イ）。

正解　1）

4−11 犯罪収益移転防止法

《問》犯罪収益移転防止法に関する次の記述のうち、最も不適切なものは
　どれか。
1）犯罪収益移転防止法は、犯罪収益が組織的犯罪の助長に使用される
　とともに、犯罪収益が移転して事業活動に用いられて健全な経済活
　動に重大な悪影響を与えること、および犯罪収益の移転がその剥奪
　や被害の回復を困難にするものであることから、犯罪収益移転の防
　止を図り、テロリズムに対する資金供与の防止に関する国際条約等
　の的確な実施を確保し、国民生活の安全と平穏を確保し、経済活動
　の健全な発展に寄与することを目的として制定されたものである。
2）犯罪収益移転防止法が規制の対象としている行為の1つであるマ
　ネー・ローンダリングの具体例としては、犯罪行為で得た資金を正
　当な取引で得た資金のように見せかける行為や、口座を転々とさせ
　たり金融商品や不動産、宝石などに形態を変えてその出所を隠した
　りする行為がある。
3）犯罪収益移転防止法が規制の対象としている行為の1つであるテロ
　資金供与は、具体的には、架空名義口座を利用したり、正規の取引
　を装ったりして集めた資金がテロリストの手に渡ることがわからな
　いようにする行為である。
4）金融機関は、犯罪収益移転防止法上の特定事業者の1つとされ、取
　引時確認、疑わしい取引の届出の義務を負っているが、確認記録や
　取引記録等の作成・保存の義務は負っていない。

・解説と解答・

1）適切である（犯罪収益移転防止法1条）。
2）適切である。マネー・ローンダリングとは、違法な起源を偽装する目的で
　犯罪収益を処理することであり、具体例は本肢に記載のとおりである。
3）適切である。テロ資金供与とは、爆弾テロやハイジャックなどのテロ行為
　の実行を目的として、そのために必要な資金をテロリストに提供すること
　であり、具体的な態様は本肢に記載のとおりである。
4）不適切である。特定事業者のうち金融機関は、確認記録や取引記録等の作
　成・保存の義務も負っている（犯罪収益移転防止法4条、6条、7条、8
　条）。

<u>正解　4）</u>

4 - 12　特定商取引法・割賦販売法①

《問》特定商取引法および割賦販売法に関する次の記述のうち、最も不適
切なものはどれか。

1) 特定商取引法は、訪問販売、通信販売などの特定商取引を公正にし、
購入者等が受けることのある損害の防止を図ることで購入者等の利益
を保護し、併せて商品等の流通および役務の提供を適正かつ円滑にす
ることで国民経済の健全な発展に寄与することを目的としている。

2) 割賦販売法は、割賦販売等に係る取引の公正の確保、購入者等が受け
ることのある損害の防止およびクレジットカード番号等の適切な管理
等に必要な措置を講ずることで割賦販売等に係る取引の健全な発達を
図るとともに、購入者等の利益を保護し、併せて商品等の流通および
役務の提供を円滑にすることで国民経済の発展に寄与することを目的
としている。

3) 特定商取引法や割賦販売法の規定に違反した事業者は、民事上の責任
を負ったり、業務に関する行政処分を受けることがあるが、刑事責任
を負うことはない。

4) クーリング・オフ制度とは、申込みまたは契約の後に、法律で決めら
れた書面や電磁的記録を受け取ってから一定の期間内に、無条件で解
約することをいう。

・解説と解答・

1) 適切である（特定商取引法 1 条）。

2) 適切である（割賦販売法 1 条）。

3) 不適切である。特定商取引法も割賦販売法も書面交付義務違反等の一定の
違反について刑事罰を定めている（特定商取引法70条等、割賦販売法49条
等）。

4) 適切である。一定の期間とは訪問販売・電話勧誘販売・特定継続的な役務提
供・訪問購入については 8 日間、連鎖販売取引・業務提供誘引販売取引に
ついては20日間である（特定商取引法 9 条等）。通信販売にはクーリング・
オフに関する規定はないが、代わりに法定返品権が定められている。ただ
し、この返品権を排除する特約を付することができる（同法15条の 3 ）。

正解　3)

4−13 特定商取引法・割賦販売法②

《問》特定商取引法および割賦販売法に関する次の記述のうち、最も不適
切なものはどれか。

1）割賦販売法は、元来、主として購入者が事業者に対して分割払いを
行う取引を規制するものであったが、社会情勢によるクレジット契
約の発展とともにクレジットカード業者に対する規制も定めてい
る。

2）割賦販売法による事業者に対する具体的な規制としては、取引条件
の明示、契約書面交付義務、購入者が支払を怠った場合の契約解除
の制限、遅延損害金の制限、支払停止の抗弁制度などがあるが、割
賦販売法は購入者を契約関係から離脱させるためのクーリング・オ
フ制度を定めていない。

3）特定商取引法は事業者について開業を規制しておらず、監督官庁の
登録、認可、届出などは不要であるが、割賦販売法は一定の類型の
事業者について許可制や登録制度を採用し、開業規制を定めてい
る。

4）割賦販売法においては、クレジットカードを取り扱う加盟店は、ク
レジットカード番号等の適切な管理や不正使用対策を講じることが
義務付けられている。

・解説と解答・

1）適切である（割賦販売法2条）。

2）不適切である。割賦販売法は購入者を保護するためにクーリング・オフ制
度を定めている（割賦販売法35条の3の10等）。

3）適切である（割賦販売法11条、31条等）。

4）適切である。クレジットカードを取り扱う加盟店におけるクレジットカー
ド番号等の漏えい事件やクレジットカードの不正使用被害、加盟店の管理
が行き届かないケースに対応し、安全・安心なクレジットカード利用環境
を実現する目的で規定されている（割賦販売法35条の16）。

正解　2）

4－14　振り込め詐欺救済法

《問》振り込め詐欺救済法に関する次の記述のうち、最も不適切なものはどれか。

1）振り込め詐欺救済法は、預金口座等への振込みを利用して行われた詐欺等の犯罪行為により被害を受けた者に対する被害回復分配金の支払のため、預金等に係る債権の消滅手続および被害回復分配金の支払手続等を定め、当該犯罪行為により被害を受けた者の財産的被害の回復に資することを目的としている。
2）振り込め詐欺救済法の救済の対象となる被害者が受けた詐欺の例としては、オレオレ詐欺、架空請求詐欺、融資保証金詐欺、還付金等詐欺、ヤミ金融や未公開株式購入に係る詐欺等がある。
3）振り込め詐欺救済法は振り込め詐欺の被害者を救済するためのものであるから、被害者は、被害回復分配金の支払申請をしなくても、金融機関から支払を受けることができる者であることの決定を受けて分配金を取得することができる。
4）被害者は、振り込め詐欺救済法に基づく被害回復分配金によって、自己が受けた被害額全額の救済を受けることができるとは限らない。

・解説と解答・

1）適切である（振り込め詐欺救済法1条）。
2）適切である（振り込め詐欺救済法2条3項）。
3）不適切である。振り込め詐欺救済法は、被害者が分配金の取得を希望する場合について被害者による申請を要求している（振り込め詐欺救済法12条）。
4）適切である。犯罪被害額の総額が消滅預金等債権の額を超えるときは、被害者は、被害額全額の救済を受けることはできない（振り込め詐欺救済法16条2項）。

正解　3）

4－15　障害者差別解消法①

> 《問》障害者差別解消法に関する次の記述のうち、最も不適切なものはどれか。
> 1) 障害者に対する差別を解消することを目的とした障害者差別解消法の対象者は、障害者手帳を所持している者に限られ、高齢者とは無関係である。
> 2) 障害者差別解消法は、すべての国民が、障害の有無によって分け隔てられることなく、相互に人格と個性を尊重し合いながら共生する社会の実現に向け、障害を理由とする差別の解消を推進することを目的としている。
> 3) 障害者差別解消法の「障害者」とは、心身の機能の障害がある者であって、障害および社会的障壁により継続的に日常生活または社会生活に相当な制限を受ける状態にあるものをいい、心身の機能の障害の例として、身体障害、知的障害、精神障害（発達障害を含む）が挙げられる。
> 4) 障害者差別解消法の「社会的障壁」とは、障害がある者にとって日常生活または社会生活を営むうえで障壁となるような社会における事物、制度、慣行、観念その他いっさいのものをいう。

・解説と解答・

1) 不適切である。障害者とは、「身体障害、知的障害、精神障害（発達障害を含む）その他の心身の機能の障害がある者であって、障害及び社会的障壁により継続的に日常生活又は社会生活に相当な制限を受ける状態にあるもの」と定義されている（障害者差別解消法2条1号）。障害者差別解消法における「障害者」は障害者手帳を持つ者に限られず、加齢等の要因により高齢者に障害が発生することがあるため、障害者差別解消法が高齢者と無関係とまでは言えない。

2) 適切である（障害者差別解消法1条）。

3) 適切である（障害者差別解消法2条1号）。

4) 適切である（障害者差別解消法2条2号）。

正解　1)

4 - 16　障害者差別解消法②

《問》障害者差別解消法に関する次の記述のうち、最も不適切なものはどれか。

1 ）事業者は、その事業を行うにあたり、障害を理由として障害者でない者と不当な差別的取扱いをすることにより、障害者の権利利益を侵害してはならない。

2 ）事業者は、その事業を行うにあたり、障害者から現に社会的障壁の除去を必要としている旨の意思の表明があった場合において、その実施に伴う負担が過重でないときは、障害者の権利利益を侵害することとならないよう、当該障害者の性別、年齢および障害の状態に応じて、社会的障壁の除去の実施について必要かつ合理的な配慮をしなければならない。

3 ）主務大臣は、障害者差別の解消に関する事項について、特に必要があると認めるときは、当該事業者に対し、助言や指導等のほかに業務停止命令を出すこともできる。

4 ）事業者が事業主としての立場で労働者に対して行う障害を理由とする差別を解消するための措置については、労使関係に関する措置になるので、障害者差別解消法ではなく障害者の雇用の促進等に関する法律（障害者雇用促進法）がこれを定めている。

・解説と解答・

1 ）適切である（障害者差別解消法 8 条 1 項）。

2 ）適切である。事業者による社会的障壁の除去の実施に係る必要かつ合理的な配慮の提供は、2024年 4 月に施行された改正法により、努力義務から義務へと改められた（障害者差別解消法 8 条 2 項）。

3 ）不適切である。主務大臣は、第 8 条の規定の施行に関し、特に必要があると認めるときは、対応指針に定める事項について、当該事業者に対し、報告を求め、または助言、指導もしくは勧告をすることができるが、業務停止命令を発出することはできない（障害者差別解消法12条）。

4 ）適切である（障害者差別解消法13条）。

正解　3 ）

4－17　高齢者虐待防止法①

《問》高齢者虐待防止法に関する次の記述のうち、最も不適切なものはどれか。
1）高齢者虐待防止法は、高齢者虐待の防止、養護者に対する支援等に関する施策を促進し、高齢者の権利利益の擁護に資することを目的としている。
2）高齢者虐待防止法では、高齢者を75歳以上の者と定義している。
3）高齢者虐待防止法における高齢者虐待は、高齢者を現に養護する者であって養介護施設従事者等以外の者（養護者）によるものと、養介護施設従事者等によるものに大別することができる。
4）養護者による高齢者虐待を受けたと思われる高齢者を発見した者は、速やかにこれを市町村に通報するよう努めなければならない、という努力義務を負うにすぎないが、当該高齢者の生命または身体に重大な危険が生じている場合は、速やかにこれを市町村に通報しなければならない、という義務を負う。

・解説と解答・

1）適切である（高齢者虐待防止法1条）。
2）不適切である。高齢者虐待防止法における高齢者は、65歳以上の者である（高齢者虐待防止法2条1項）。
3）適切である。なお、高齢者虐待防止法における養護者とは、「高齢者を現に養護する者であって養介護施設従事者等以外のもの」をいい、金銭の管理、食事や介護などの世話、自宅の鍵の管理など、何らかの世話をしている者が該当すると考えられ、同居の有無は問わない（高齢者虐待防止法2条2項、3項）。
4）適切である（高齢者虐待防止法7条1項、2項）。

正解　2）

4 −18　高齢者虐待防止法②

《問》高齢者虐待防止法における「養護者による高齢者虐待」に該当する
　　　行為に関する次の記述のうち、最も不適切なものはどれか。なお、
　　　本問において「養護者」とは、高齢者を現に養護する者であって養
　　　介護施設従事者等以外の者をいう。
1 ）高齢者の身体に外傷が生じ、または生じるおそれのある暴行を加え
　　ること（身体的虐待）。
2 ）高齢者に対して、正当な理由なく、年齢を理由として、サービス等
　　の提供を拒否する、または提供にあたって場所・時間帯などを制限
　　するなどにより、高齢者の権利利益を侵害すること（心理的虐待）。
3 ）高齢者に対してわいせつな行為をすること、または高齢者をしてわ
　　いせつな行為をさせること（性的虐待）。
4 ）高齢者の財産を不当に処分すること、その他高齢者から不当に財産
　　上の利益を得ること（経済的虐待）。

・解説と解答・

1 ）適切である（高齢者虐待防止法2条4項1号イ）。
2 ）不適切である。心理的虐待とは、高齢者に対する著しい暴言または著しく
　　拒絶的な対応その他の高齢者に著しい心理的外傷を与える言動を行うこと
　　をいう（高齢者虐待防止法2条4項1号ハ）。
3 ）適切である（高齢者虐待防止法2条4項1号二）。
4 ）適切である。なお、経済的虐待は、「養護者または高齢者の親族」が行う
　　行為と定義されており、高齢者を現に養護する者でない親族による行為も
　　該当する（高齢者虐待防止法2条4項2号）。

正解　2 ）

4-19 個人情報保護法①

《問》個人情報保護法および「金融分野における個人情報保護に関するガイドライン（令和5年3月）」に関する次の記述のうち、適切なものはいくつあるか。

（a）金融機関が窓口で認知症の疑いのある高齢顧客の対応をする場合において、その高齢顧客が自宅の場所や親族の連絡先を思い出せず、帰宅するのが困難な様子であったとしても、個人情報保護法の見地からすれば、本人の同意を得なければ、だれにも連絡することはできない。

（b）金融機関が保有する個人情報について、金融機関が活動の指針とすべきものとして、「金融分野における個人情報保護に関するガイドライン」があり、同ガイドラインは個人情報保護委員会と金融庁が金融分野における個人情報保護を特に定めたものであるから、個人情報保護法に優先する。

（c）「金融分野における個人情報保護に関するガイドライン」によれば、個人情報取扱事業者である金融機関は、個人データの第三者提供について本人の同意を得る場合は、原則として、書面によることとしている。

1）1つ
2）2つ
3）3つ
4）0（なし）

・解説と解答・

（a）不適切である。高齢者本人の判断能力が極めて低下して同意を得ることが困難で、生命、身体、財産の保護の必要があるといえる場合には、本人の同意を得なくても個人情報の取得や第三者への個人情報の提供を行うことが認められており（個人情報保護法18条3項2号、20条2項2号、27条1項2号）、地域包括支援センター等に連絡・通報することができる。

（b）不適切である。同ガイドラインはあくまで個人情報保護法6条、9条に

　　基づいて策定されたものであり、個人情報保護法に優先するものではない。

（c）適切である（「金融分野における個人情報保護に関するガイドライン（令和5年3月）」12条）。

正解　1）

4－20　個人情報保護法②

《問》個人情報保護法に関する次の記述のうち、最も不適切なものはどれか。

1）個人情報保護法は、個人情報を取り扱う事業者の遵守すべき義務等を定めることにより、個人情報の有用性に配慮しつつ、個人の権利利益を保護することを目的としている。

2）個人情報保護法における個人情報とは、生存する個人に関する情報であって、当該情報に含まれる氏名、生年月日その他の記述等により特定の個人を識別することができるもの、または個人識別符号が含まれるものをいう。

3）金融機関の顧客の情報について、その氏名と生年月日の情報を廃棄することによって、個人が特定できないようにしておけば、たとえ当該顧客の残りの情報とほかの情報とを容易に照合することができ、それにより特定の個人を識別することができることになる場合であっても、個人情報保護法の個人情報には該当しない。

4）生存する個人に関する情報であって個人識別符号が含まれる情報は、個人情報保護法の個人情報に該当する。個人識別符号の例としては、旅券番号（パスポートナンバー）、自動車運転免許証の番号、個人番号（マイナンバー）が挙げられる。

・解説と解答・

1）適切である（個人情報保護法1条）。

2）適切である（個人情報保護法2条1項1号、2号）。

3）不適切である。ある情報が、ほかの情報と容易に照合することができ、それにより特定の個人を識別することができることとなる場合であれば、個人情報保護法上の個人情報に該当する（個人情報保護法2条1項1号括弧書）。

4）適切である（個人情報保護法2条1項2号、2項）。

正解　3）

4 −21　金融 ADR 制度①

《問》金融分野における裁判外紛争解決制度（金融 ADR 制度）に関する
次の記述のうち、最も不適切なものはどれか。

1）銀行は、指定紛争解決機関が存在する場合には、指定紛争解決機関
との間で手続実施基本契約を締結する措置を講じなければならな
い。

2）指定紛争解決機関とは、銀行業務全般について苦情処理と訴訟外で
の紛争解決を行う機関のことをいい、銀行、信用金庫および農林中
央金庫については、全国銀行協会が指定紛争解決機関となってい
る。

3）銀行は、顧客からの申立てに基づき紛争解決手続が開始された場合
において、指定紛争解決機関から手続に応じる求めがあったとき
は、正当な理由なくこれを拒んではならない。

4）銀行は、一定の場合を除き、指定紛争解決機関の紛争解決委員が提
示する特別調停案を受諾しなければならない。

・解説と解答・

1）適切である（銀行法12条の3第1項1号）。

2）不適切である。銀行および農林中央金庫については全国銀行協会が指定紛
争解決機関となっているが、信用金庫については指定紛争解決機関が設立
されていない。信用金庫に関する苦情処理・紛争解決の対応については全
国信用金庫協会に問い合わせることになる（銀行法2条24項、52条の62第
1項）。

3）適切である（銀行法52条の67第2項2号）。

4）適切である（銀行法52条の67第6項）。

正解　2）

4−22　金融 ADR 制度②

《問》顧客が全国銀行協会に苦情を申し出て、あっせん委員会による紛争
　　解決手続を利用する場合に関する次の記述のうち、適切なものはい
　　くつあるか。
（a）顧客があっせん委員会による紛争解決手続を利用する場合、顧客
　　から全国銀行協会に対して、申立てに係る所定の手数料を支払う
　　必要がある。
（b）あっせん委員会が顧客からのあっせんの申立てを受け付けた場
　　合、銀行はあっせん委員会が相当の理由があると認めた場合を除
　　き、紛争解決手続に参加しなければならない。
（c）あっせん委員会があっせん案を作成し、当事者双方に提示して受
　　諾を勧告した場合、あっせん案の提示を受けた銀行は、それを尊
　　重し、正当な理由なくあっせん案を拒否してはならない。

　1）　1つ
　2）　2つ
　3）　3つ
　4）　0（なし）

・解説と解答・

（a）不適切である。あっせん委員会による紛争解決手続を利用する場合、顧
　　客の申立てに係る手数料は無料である。なお、加入銀行については、
　　あっせん委員会があっせんの申立てを受理したときに限り、あっせん委
　　員会事務局の求めに応じて所定の事務手数料を支払う必要がある（全国
　　銀行協会「苦情処理手続および紛争解決手続等の実施に関する業務規
　　程」28条1項）。
（b）適切である（同業務規程25条1項、2項）。
（c）適切である（同業務規程34条1項、3項）。

正解　2）

4－23　高齢顧客への勧誘による販売に係るガイドライン①

《問》日本証券業協会が制定する「協会員の投資勧誘、顧客管理等に関する規則第5条の3の考え方（高齢顧客への勧誘による販売に係るガイドライン）」（以下、「本ガイドライン」という）に関する次の記述のうち、最も不適切なものはどれか。

1）本ガイドラインによれば、金融機関が取引代理人制度を定めている場合であって、口座名義人だけでなく、取引代理人が高齢である場合についても、本ガイドラインの規制の対象とする必要がある。

2）本ガイドラインによれば、米ドル、ユーロ、オーストラリアドル等、知名度や流動性が高い通貨建ての国債や政府保証債は、高齢顧客への勧誘による販売が可能と考えられる商品に該当する。

3）十分な投資経験と投資資金を持つ高齢顧客が、高齢顧客に勧誘しても問題がないと考えられる商品の範囲外の商品（勧誘留意商品）への投資を望んでいる場合、投資意向等を確認のうえ、必要な投資情報の提供等を行ってもよい。

4）値動きが日経平均株価の変動率に一致するよう設計された投資信託は、勧誘留意商品とされている。

・解説と解答・

1）適切である（ガイドライン2「高齢顧客の定義」）。

2）適切である（ガイドライン3「高齢顧客への勧誘による販売商品」）。

3）適切である（ガイドライン3「高齢顧客への勧誘による販売商品」）。

4）不適切である。日経平均株価やTOPIXは広く知られており、価格変動についての情報も得やすい商品であることから、勧誘留意商品の対象とする必要はないと考えられている（ガイドライン3「高齢顧客への勧誘による販売商品」）。なお、パブリック・コメントにおいて、東証REIT指数やニューヨーク・ダウ工業株30種平均、その他のインデックス（日経平均株価、TOPIXを除く）への連動を目指す投資信託については、勧誘留意商品に該当するとされている（「高齢顧客への勧誘による販売に係るガイドラインの制定に関するパブリック・コメントの結果について（2013年10月29日）」項番148）。

正解　4）

4 −24　高齢顧客への勧誘による販売に係るガイドライン②

《問》日本証券業協会が制定する「協会員の投資勧誘、顧客管理等に関する規則第5条の3の考え方（高齢顧客への勧誘による販売に係るガイドライン）」（以下、「本ガイドライン」という）に関する次の記述のうち、最も適切なものはどれか。

1 ）本ガイドラインは、慎重な勧誘による販売を行う必要があると考えられる顧客の範囲の目安として、70歳以上の顧客を対象とし、そのなかでもより慎重な勧誘による販売を行う必要がある顧客を75歳以上の顧客であると定めている。

2 ）本ガイドラインは、高齢顧客への勧誘による販売に関して、金融機関が社内手続を定める場合、すべての高齢顧客を一律に扱い、例外を認めるべきではないと定めている。

3 ）勧誘を伴わない高齢顧客の自発的な注文で、銘柄および数量または金額を指定して購入を希望する場合、本ガイドラインに基づく手続や条件の対象とする必要はない。

4 ）目安として80歳以上の高齢顧客への勧誘による販売を行った場合、すべての高齢顧客について、勧誘を行った担当営業員以外の者が、その取引内容について1取引ごとに連絡、確認を行わなければならない。

・解説と解答・

1 ）不適切である。本ガイドラインは、目安として75歳以上の顧客を高齢顧客とし、そのなかでも80歳以上の顧客についてより慎重な勧誘による販売を行う必要があるとしている（ガイドライン2「高齢顧客の定義」）。

2 ）不適切である。たとえば、会社経営者、役員等である高齢顧客について、支店長等の役席者が頻繁に接し、顧客属性や投資意向を十分に把握している場合においては、担当役員等の承認を得て、本ガイドラインの対象外とすることも可能である（ガイドライン2「高齢顧客の定義」）。

3 ）適切である。ただし、適合性の原則には留意する必要がある（ガイドライン3「高齢顧客への勧誘による販売商品」）。

4 ）不適切である。目安として80歳以上の高齢顧客への勧誘による販売を行った場合、勧誘を行った担当営業員以外の者が、取引内容について連絡、確

認を行うが、この取引内容の連絡、確認は、必ずしもすべての高齢者に対して1取引ごとに行う必要はなく、その高齢顧客の属性や取引状況等を勘案し、リスクベースで顧客、頻度、方法、行う者を社内規則等で定めて行えばよいとされている（ガイドライン5「取引内容の連絡・確認と継続的な状況把握」）。

<u>正解　3）</u>

〈高齢顧客への勧誘による販売に係るガイドラインについて〉

　日本証券業協会では、高齢顧客に対して投資商品を販売する際に適切な勧誘が行われるよう、協会員の社内体制の整備を求めるものとして、「協会員の投資勧誘、顧客管理等に関する規則第5条の3の考え方（高齢顧客への勧誘による販売に係るガイドライン）」（以下「本ガイドライン」という）を自主規制規則として定めているが、2020年9月15日に公表された「プリンシプルベースの視点での自主規制の見直しに関する懇談会」報告書を受けて、一部改正のうえ2021年8月1日に施行された。

　主な改正内容としては、これまで75歳以上と80歳以上の2つの年齢を基準として、より慎重な勧誘による販売を行うための手続を設けることとしていたが、①本ガイドラインの対象外とすることが可能な顧客の具体的な判断方法や手順を社内規則で定めること、②取引内容の連絡確認と継続的な状況把握について、リスクベースにより、顧客、頻度、方法、連絡確認と状況把握を行う者を定めること、③高齢顧客は記憶力、理解力や体調変化のサイクルが比較的短く、キャッシュフローや保有資産の変動、投資方針の変化についてより慎重な配慮が求められることから継続的な状況把握を行う必要があること、などであり、登録金融機関は特別会員としてこれら改正について対応することが必要となる。

第5章

金融実務対応

5－1　成年後見人による成年被後見人名義の口座開設①

《問》甲銀行乙支店の窓口に成年後見人Ａ（個人）が来店し、成年被後見人Ｂ名義で新規口座開設をしたいとの申出があった。犯罪収益移転防止法上の取引時確認（以下、「取引時確認」という）における本人特定事項の確認に関する次の記述のうち、最も適切なものはどれか。

1）Ａの本人確認書類として運転免許証の提示を受けたが、Ｂの取引時確認は不要なので、Ｂからは本人確認書類の提示を受けなかった。

2）Ａの本人確認書類として運転免許証を、Ｂの本人確認書類として後期高齢者医療被保険者証と国民年金手帳の提示を受けた。

3）Ａの本人確認書類として発行から１年経った印鑑登録証明書と実印を、Ｂの本人確認書類として成年後見登記に係る登記事項証明書と国民健康保険被保険者証の提示を受けた。

4）Ａの取引時確認は不要なので、Ａからは本人確認書類の提示を受けず、Ｂの本人確認書類として成年後見登記に係る登記事項証明書と国民健康保険被保険者証の提示を受けた。

・解説と解答・

1）不適切である。成年被後見人の取引時確認が必要であり、本人特定事項の確認のため本人確認書類の確認が必要である（犯罪収益移転防止法４条４項）。

2）適切である。なお、健康保険法の改正により、2020年10月１日から介護保険被保険者証を除き、健康保険被保険者証等については記号・番号の告知要請が制限され、マスキングが必要となっているので注意が必要である（犯罪収益移転防止法４条、同法施行規則６条１項１号ハ、７条１号、健康保険法194条の２）。

3）不適切である。本人確認書類として印鑑登録証明書や住民票の原本のように有効期限の定めのない書類については、発行日から６カ月以内のものでなければならない（犯罪収益移転防止法４条、同法施行規則６条１項１号ハ、２項、７条１号ハ、ニ）。

4）不適切である。個人の成年後見人も特定取引等の任に当たる自然人として本人特定事項（氏名・住居・生年月日）の確認のため本人確認書類の確認

が必要である（犯罪収益移転防止法 4 条 4 項）。

正解 2)

5－2　成年後見人による成年被後見人名義の口座開設②

《問》甲銀行乙支店の窓口に成年後見人Ａ（個人）が来店し、成年被後見人Ｂ名義で新規口座開設をしたいとの申出があった。犯罪収益移転防止法上の取引時確認に関する次の記述のうち、最も不適切なものはどれか。

1）成年被後見人Ｂについて、本人特定事項の確認のための本人確認書類は、成年後見登記に係る登記事項証明書の提示を受ければ足りる。

2）成年後見人Ａは、特定取引等の任に当たる自然人として、本人特定事項の確認のため本人確認書類の確認が必要である。

3）成年被後見人Ｂの取引時確認として、本人特定事項を本人確認書類で確認するとともに、取引を行う目的、職業、外国PEPsの該当の有無、ハイリスク取引の該当の有無等を申告によって確認することが必要である。

4）成年後見人Ａの本人特定事項の確認のため提示を受けた本人確認書類が健康保険被保険者証だったため、別の本人確認書類の提示も受けて確認した。

・解説と解答・

1）不適切である。成年後見登記に係る登記事項証明書は、本人特定事項（氏名、住居、生年月日）の記載があり本人確認書類とはなるが、顔写真の貼付はないため、追加の確認が必要である（犯罪収益移転防止法4条、同法施行規則6条1項1号ロ、ハ、ニ、7条1号ホ）。

2）適切である（犯罪収益移転防止法4条4項）。

3）適切である。本人特定事項を確認書類により、その他の事項を申告により確認する必要がある（犯罪収益移転防止法4条）。

4）適切である。顔写真の貼付のない本人確認書類の場合、追加の確認が必要であり、取引に係る文書を転送不要郵便等で送付する、または提示を受けた書類以外の本人確認書類や補完書類の提示を受ける、などの確認方法がある（犯罪収益移転防止法4条、同法施行規則6条1項1号ロ、ハ、ニ、7条1号ハ）。

正解　1）

5－3　高齢顧客との取引に係る留意点①

《問》甲銀行乙支店の営業担当者Bは、高齢顧客Aと面談していたところ、会話がかみ合わないことがあり、AがBの話を理解しているのか判断しかねることがあった。この事例に関する次の記述のうち、最も適切なものはどれか。
1）Aの意思能力に疑問があっても、Aが成年後見制度を利用していなければ、A本人と取引しても問題ない。
2）意思能力の有無は会話では判断が難しいため、取引の手続書面に署名・押印ができれば、Aの意思能力に問題がないと判断できる。
3）AをよくしっているBが、Aに意思能力があると判断すれば、取引を行っても問題になることはない。
4）Aの意思能力の確認にあたっては、複数人の甲銀行の行職員がAと複数回面談を行い、複数時点で、意思能力の有無を確認する必要がある。

・解説と解答・

1）不適切である。成年後見制度を利用していない場合でも、本人の意思能力があることを確認して取引を行わなければ、後日、取引の無効を主張されることになりかねない（民法3条の2）。
2）不適切である。意思能力がない者が行った法律行為は無効である（民法3条の2）。単に署名・押印をもらうだけでなく、意思能力の確認をしたうえで、手続を行う必要がある。
3）不適切である。担当者単独の判断だけでなく、複数人で日時も変えて、慎重に意思能力を確認することが望ましい。
4）適切である。

正解　4）

5－4　高齢顧客との取引に係る留意点②

《問》甲銀行乙支店の営業担当者Bは、高齢顧客Aとの新規取引を行うためにA宅を訪問することになった。取引開始にあたっての留意点に関する次の記述のうち、最も不適切なものはどれか。

1）犯罪収益移転防止法では、一定年齢以上の高齢者の取引時確認手続は、若年者とは異なる特別の手続が必要とされている。

2）意思能力のない者との取引は無効になるので、BはAとの取引に際しては、Aに意思能力があるかどうかに注意しなければならない。

3）本人との直接面談が、相手方の意思能力を確認するための基本的かつ有効な方法である。Aとは初対面であり、本人特定事項の確認のため、BはAの顔写真付きの公的証明書の提示を受けて本人確認をさせてもらうこととした。

4）Aの意思能力に懸念はなさそうであったが、Bは取引内容につき十分に説明し、Aの理解を得てから取引を開始した。

・解説と解答・

1）不適切である。犯罪収益移転防止法に定める取引時確認手続では、高齢者と若年者で特に違いは設けていない。

2）適切である。意思能力を有しないでした法律行為は無効とされており（民法3条の2）、意思能力の有無に注意する必要がある。

3）適切である（犯罪収益移転防止法4条、同法施行規則6条1項1号イ、7条イ、ロ）。

4）適切である。高齢者のすべてが意思能力に問題や不安があるわけではないが、高齢になると肉体的にも精神的にも衰えが進行することなどから、一般に、本人の意思能力の程度について、場合によっては複数人で面談を行うなど、慎重に確認すべきである。また、銀行法、金融サービス提供法の定めから、取引内容について十分な説明をすることは、若年者、高齢者を問わず不可欠である。

正解　1）

5－5　高齢顧客との取引に係る留意点③

《問》甲銀行乙支店の営業担当者Bが高齢顧客Aと面談したところ、Aにはここ数年かかりつけの主治医Cがいることが判明した。Bとしては、Aの意思能力の有無や程度について判断がつかないため、主治医Cに意見を聞きたいと考えている。この事例に関する次の記述のうち、最も不適切なものはどれか。

1）医師は、業務上取り扱ったことに関して知り得た患者の秘密につき、守秘義務を負っているので、Cは甲銀行に対して正当な理由なしにAの情報を開示することはできない。

2）甲銀行はAと取引を行うにあたり、Aの意思能力を判断する必要があるので、CがAの同意なく甲銀行の照会に回答することは、刑法134条（医師等の秘密漏示）に定める正当な理由があるとみなされる。

3）甲銀行がAの意思能力の有無に関して主治医Cに対して照会を行う場合、あらかじめA本人の同意を得なければならない。

4）甲銀行は、Cへの照会についてA本人から同意を得たときは、Aから同意書を受け入れて保管しておくことが望ましい。

・解説と解答・

1）適切である。医師には守秘義務があり、正当な理由なく業務上取り扱ったことについて知り得た患者の秘密を洩らしたときは、6カ月以下の懲役または10万円以下の罰金に処せられる（刑法134条1項）。

2）不適切である。金融機関からの問合せというだけでは刑法134条に定める正当な理由とはみなされない。

3）適切である。金融機関は個人情報取扱事業者であり、個人情報保護法20条に基づき、偽りその他不正な手段により個人情報を取得してはならないため、本人の同意を得て照会しなければならない。

4）適切である。主治医から開示してもらうにも本人の同意が必要であり、本人や家族等との後日のトラブルを回避するためにも、同意書を受け入れて保管することが望ましい。

正解　2）

5－6　高齢顧客からの払戻金額相違についての照会①

《問》甲銀行乙支店に高齢顧客Aが来店し、窓口担当者Bに対し「1週間前にこの窓口で普通預金口座から現金の払戻しをしたが、記帳されている金額が間違っている」と申出があった。Aによると、「払戻金額は、通帳に記帳されている20万円ではなく、10万円だったはずだ」とのことである。この事例に関する次の記述のうち、最も不適切なものはどれか。

1）甲銀行側の事実調査を行う場合、当日の現金勘定は合致しているか、払戻請求書はだれの筆跡によるものか、払戻し時の様子をビデオカメラで映したものは残っていないか、残っている場合は、現金の受渡場面から払戻金額を特定することができないか、等を確認する必要がある。

2）払戻金額相違など重大な照会に対しては、高齢顧客の場合、預金者側の記憶違いによることが多いのも事実であるが、「金融機関の処理手続に問題はありませんので、お客さまの思い違いです」等と決めつけて回答することなく、預金者からの事情聴取と金融機関側の詳しい事実調査を踏まえて回答しなければならない。

3）Aに事情聴取を行う場合、払戻しを受けた現金の今日までの使途状況、払戻し時の同伴者の有無等を確認する必要があるが、払戻請求書の記入が自筆なのか代筆なのかの確認は、甲銀行側の事実調査を行う際に当該伝票とAの筆跡の照合を行うため、あえて行う必要はない。

4）甲銀行の処理に誤りがないと結論づけることができ次第、調査内容と結果についてAに説明を行うが、その際にはクレームの再燃を避けるため、可能な限りAの承諾を得て、Aの親族等にも同席を求め、銀行側の調査結果について理解を得るよう努めるべきである。

・解説と解答・

1）適切である。

2）適切である。払戻金額相違は重大な照会であり、回答する側は、単なる顧客の思い込みと決めつけて軽率に回答してはならない。

3）不適切である。預金者側の事情聴取をする際に、払戻請求書を自筆で作成

したか、第三者が作成したかの確認は、残された証拠となるもので重要な
ポイントである。

4 ）適切である。なお、実務上は親族の同席が困難なことも多く、その場合は
本人の承諾を得て、親族にも電話等で説明することも選択肢の 1 つであ
る。

__正解　3 ）__

5－7　高齢顧客からの払戻金額相違についての照会②

《問》高齢顧客からの、普通預金から払戻しを受けた現金の金額と通帳に
記帳してある払戻金額の相違についての問合せに対する金融機関
内調査結果の説明の仕方に関する注意点として、次のうち最も不適
切なものはどれか。

1）高齢顧客1人への説明では理解を得られない場合には、家族等の同
席を求め、理解を得られるように根気強く説明する。

2）顧客からの問合せは真摯に受け止め、金融機関内の事実調査を踏ま
えての回答であることを理解してもらう。

3）難解な言葉を使って高齢顧客をごまかしているとの印象を抱かせな
いように、高齢顧客に理解しやすい、平易な言葉を使って説明す
る。

4）当日の現金勘定は合っており、そもそも金融機関側に落ち度はない
として、毅然とした説明をする。

・解説と解答・

1）適切である。預金者の意思能力に衰えが懸念される場合は、家族等と連絡
をとり善後策を協議する必要がある。

2）適切である。

3）適切である。

4）不適切である。高齢顧客であることを踏まえ、場合によっては顧客が記入
した払戻請求書を提示するなど、金融機関内の事実調査結果の根拠を示し
ながら、丁寧に説明を行うことが望ましい。

正解　4）

5 － 8　高齢顧客を往訪し現金を持ち帰る際の注意点

《問》高齢顧客を往訪し現金を持ち帰る際の営業担当者の注意点に関する
　　次の記述のうち、最も不適切なものはどれか。
　1）高齢顧客から「これは家族には内緒のお金だから預り証は発行しな
　　　いでほしい」と言われた場合、取引期間の長い顧客とは旧知の関係
　　　にあるため、手続に便宜を図ることは顧客本位にかなう。
　2）往訪時の現金等の授受は、金融機関所定の規定に従い、預り証を預
　　　金者へ交付したり、ポータブル端末を持参している場合はそれに電
　　　子署名を求める。
　3）高齢顧客を往訪して現金等を授受する場合、同居の家族等の同席を
　　　求め、顧客および同席者の確認のもと行う対応が望ましい。
　4）高齢顧客を往訪しての現金等の授受は、顧客との取引の事実確認が
　　　重要であり、担当者単独の往訪ではなく、上席者を同伴する等、複
　　　数での対応が望ましい。

・解説と解答・

1）不適切である。顧客から証拠を残さないように依頼されても、後々のトラ
　　ブルを防止するため、現金授受の証跡として預り証の発行は必要である。
2）適切である。
3）適切である。営業担当者の不正防止の観点からも、家族等の同席のもと現
　　金等の授受を行うことが望ましい。
4）適切である。高齢顧客との取引においては、高齢顧客による勘違いがしば
　　しば生じるものと考えるべきである。そのため、高齢顧客を往訪する営業
　　担当者は、高齢顧客に単独で相対するのではなく、可能な限り家族の同席
　　を求め、家族の面前で現金等の授受を行うことが望ましい。
　　　また、独居の高齢顧客の場合や、あらかじめ多額の現金を授受すること
　　がわかっている場合は、上席者と同行するなど複数人で対応することが望
　　ましい。加えて、複数人での対応が難しい場合は、往訪後に上席者から電
　　話確認を行うなどの対応が考えられる。

<u>正解　1）</u>

5-9　振り込め詐欺等被害の疑いに対する対応①

《問》甲銀行乙支店に高齢顧客Aが慌てた様子で来店し、200万円の払戻しの申出があった。Aは、甲銀行乙支店で年金の受取りや公共料金の引落しがあるほか、数カ月に１回程度、窓口で生活資金と思われる現金を引き出しているが、今までこのような多額の払戻しは行ったことはない。不審に思った窓口担当者Bが資金用途を確認したが、Aからは何の説明もなく、ただ「早く手続をしてほしい」と繰り返すばかりであった。この事例に関する次の記述のうち、最も不適切なものはどれか。

1）一定年齢以上の預金者から一定金額以上の現金払戻請求を受けた場合、警察からの要請であることを説明して、持参人払式自己宛小切手を利用した払戻手続を勧めることで犯罪の抑止効果が期待される。

2）特殊詐欺の被害防止は社会的な要請であり、顧客の特殊詐欺被害が疑われる場合、金融機関が払戻金の用途・目的を質問したことで顧客のプライバシーが問題になることは考えられず、不審に思った場合には、積極的に払戻しの目的を質問しても支障ない。

3）内閣府「令和5（2023）年版高齢社会白書」によると、令和4（2022）年中の特殊詐欺（オレオレ詐欺、預貯金詐欺およびキャッシュカード詐欺盗の総称）の被害者のほとんどが65歳以上のため、Aに対してもその可能性を疑ってみるべきである。

4）振り込め詐欺救済法は、預金口座等への振込を利用して行われた詐欺等の犯罪行為により被害を受けた者に対する被害回復分配金の支払のため、預金等に係る債権の消滅手続および被害回復分配金の支払手続等を定め、もって当該犯罪行為により被害を受けた者の財産的被害の回復に資することを目的としているが、振込手続によらない詐欺の場合（現金を犯人に手渡してしまった等）は、振り込め詐欺救済法の適用を受けることはできない。

・解説と解答・

1）不適切である。記名式線引自己宛小切手で払戻しをすることで、犯罪の抑止効果が期待される。記名式とは、小切手に受取人の名前を記載するもの

で、記名された受取人だけが支払を受けることができるものであり、線引とは、小切手の現金化を受取人が取引のある金融機関に限定するものである。これにより、不正に小切手を拾得した第三者に現金化されることを防ぐ効果が期待できる。

2）適切である。必要に応じて家族等への確認や相談を勧めるべきである。

3）適切である。内閣府「令和5（2023）年版高齢社会白書」によると、令和4年（2022）年中の特殊詐欺（オレオレ詐欺、預貯金詐欺およびキャッシュカード詐欺盗の総称）の被害者のうち、86.6％が65歳以上であった。

　特殊詐欺が疑われる場合、金融機関の行職員は、全国銀行協会の「振り込め詐欺」に関するパンフレットを渡すなどして払戻の目的を確認するなど、慎重に対応する必要がある。

4）適切である（振り込め詐欺救済法1条）。

正解　1）

5－10　振り込め詐欺等被害の疑いに対する対応②

《問》甲銀行乙支店に高齢顧客Ａが慌てた様子で来店し、「さきほど息子を名乗る人物から連絡があり、お金を振り込んでしまった。少しおかしいと思い、改めて息子に電話したら、詐欺だからすぐに銀行に行けと言われた」との申出があった。この事例に関する次の記述のうち、適切なものはいくつあるか。

（ａ）まずは振込の組戻手続を早急に取るべきだが、いったん受取口座に入金記帳されてしまうと、当該資金は預金者（加害者）に帰属し、組戻手続には当該預金者の同意が必要となり、現実には組戻しは困難であるため、被仕向金融機関に対し預金口座凍結を依頼するよう促す。

（ｂ）早急に警察に被害届を出すように促す。

（ｃ）振り込め詐欺救済法により被害回復分配金の支払を受けることができるため、手続を案内する。

1）　1つ
2）　2つ
3）　3つ
4）　0（なし）

・解説と解答・

（ａ）適切である。振り込め詐欺救済法における被害者の救済は、被害者等からの通報によって預金口座の取引を停止することから始まるため、被害者の通報があった際は、被仕向け金融機関に迅速に取引停止を依頼する。

（ｂ）適切である。

（ｃ）適切である。

正解　3）

5 － 11　振り込め詐欺等の被害防止策

《問》振り込め詐欺等の被害防止策に関する次の記述のうち、適切なもの
はいくつあるか。
（ a ）ATM コーナー（ATM 機器よりおおむね 2 メートル以内の範囲）
　　　における携帯電話の通話は、原則としてご遠慮いただく。
（ b ）高齢顧客から緊急かつ多額の振込依頼を受けた場合、振り込め詐
　　　欺の可能性があれば、犯罪収益移転防止法上の疑わしい取引に該
　　　当するので、当該顧客の意思にかかわらず取引を拒絶できる。
　　　よって、振込依頼を拒絶する。
（ c ）預金口座が振り込め詐欺等の犯罪に悪用されないよう、関係機関
　　　と協力するとともに、不正利用口座の開設を抑止するために、口
　　　座開設の際には利用目的を尋ね、厳正な本人確認を実施する。

1 ）　1 つ
2 ）　2 つ
3 ）　3 つ
4 ）　0 （なし）

・解説と解答・

（ a ）適切である。被害者本人の携帯電話を使用して ATM による振込を指示
　　　する手段の被害が増加しているため、慌てた様子であったり、携帯電話
　　　の操作や通話を行いながら ATM を操作する高齢顧客などの様子に目を
　　　配り、懸念がある場合は職員から積極的な声掛けを行うことも、有効な
　　　水際対策の 1 つである。
（ b ）不適切である。金融機関は、犯罪収益移転防止法上の疑しい取引に該当
　　　するとしても、原則として顧客からの振込依頼を一方的に拒絶すること
　　　はできないので、振り込め詐欺が疑われる場合、その旨を説明し、顧客
　　　に振込依頼を翻意させる必要がある。
（ c ）適切である。

正解　2 ）

5－12　10年以上取引のない預金通帳による払戻請求①

《問》高齢顧客が、10年以上前の最終取引が記帳された預金通帳で払戻し
　　を請求してきた場合の注意点に関する次の記述のうち、最も不適切
　　なものはどれか。
1）10年以上前の最終取引が記帳された古い預金通帳により払戻請求さ
　　れた場合、金融機関は消滅時効を援用し、払戻しに応じるべきでは
　　ない。
2）申出に係る預金の残高が預金元帳などの内部記録から確認できれ
　　ば、通常どおり預金通帳、届出印を押印した払戻請求書の提示を受
　　け、払戻手続に応じる。
3）申出に係る預金の残高が預金元帳などの内部記録から確認できない
　　場合は、雑益への繰入れや休眠預金等活用法に基づく預金保険機構
　　への移管、便宜払い、相殺等を行った可能性がある。
4）10年以上前の最終取引が記帳された古い預金通帳が提示された場
　　合、まずは提示された預金通帳が真正なものか、またその預金が今
　　も存在しているかを確認する必要がある。

・解説と解答・

1）不適切である。金融機関の実務においては、顧客による払戻請求があった
　　場合には、通常、時効期間経過後であっても、民事上の権利である消滅時
　　効を援用せず、預金証書または通帳と届出印を確認したうえで、これに応
　　じる取扱いとしている。
2）適切である。
3）適切である。
4）適切である。預金残高が銀行の預金元帳などの内部記録から確認すること
　　ができれば、通常通り預金通帳、届出印を押印した払戻請求書の提示を受
　　け、払戻しに応じることとなる。一方、預金残高が確認できない場合は、
　　雑益へ繰り入れられたか、既に払戻しや相殺を行った可能性があるため、
　　さらに関係資料を調査する必要がある。雑益に繰り入れられていることが
　　判明した場合は、払戻しに応じる。また、既に払戻しや相殺を行っている
　　ことが判明した場合は、その根拠資料を提示して、預金が存在しないこと
　　を説明することとなる。　　　　　　　　　　　　　　　　<u>正解　1）</u>

5−13　10年以上取引のない預金通帳による払戻請求②

《問》高齢顧客が、10年以上前の最終取引が記帳された預金通帳で払戻しを請求してきた場合の金融機関の対応に関する次の記述のうち、最も不適切なものはどれか。

1）払戻しが可能な預金通帳で、かつ申出人の顧客の意思能力に疑問を感じた場合は、預金者の本人確認に加え、自筆の払戻請求書を受け入れることで、預金者本人への払戻しが立証できるようにすべきである。

2）雑益に繰り入れられている預金の払戻請求があれば、金融機関は消滅時効を援用することなく、預金通帳、届出印による解約手続に応じるのが一般的である。

3）2018年1月1日に施行された休眠預金等活用法により、10年以上、入出金等の異動がない預金等は預金保険機構に移管され、民間公益活動を行う団体に交付金として交付されるため、移管後に顧客から払戻請求を受けた場合は払戻しをすることはできない。

4）申出に係る預金について便宜払いや相殺を行っていることが判明した場合、その根拠となる資料を提示し、既に払戻しや相殺により預金が存在しないことを説明する。

・解説と解答・

1）適切である。預金者の意思能力欠如を事由に払戻取引の無効が主張された場合は、預金者に対する不当利得返還請求権との相殺を主張することで金融機関が損害を被ることを回避する必要があり、そのためには預金者本人への払戻しであることの立証を、自筆の払戻請求書によって行う必要がある。

2）適切である。

3）不適切である。休眠預金等が預金保険機構に移管された時点で休眠預金債権は消滅するため（休眠預金等活用法7条1項）、金融機関が消滅時効を援用する余地はなくなるものと考えられ、預金保険機構から委託を受けた金融機関は、支払業務を代わって行う（同法10条）。

4）適切である。

正解　3）

5−14　10年以上取引のない預金通帳による払戻請求③

《問》甲銀行乙支店に高齢顧客Ａが来店し、Ａの預金口座からの払戻しの
申出があった。窓口担当者Ｂが預金通帳を確認したところ、10年以
上取引がなされていないようだった。この事例に関する次の記述の
うち、最も不適切なものはどれか。

1）民法上、預金債権の消滅時効は、預金者がその権利を行使できるこ
とを知った時から５年間、または権利を行使できる時から10年間行
使しないときに完成する。

2）実務上は、金融機関の内部記録から申出に係る預金残高が確認でき
れば、消滅時効を援用することなく、払戻手続に応じることにな
る。

3）Ａの預金の存在が甲銀行の内部記録から確認できない場合は、甲銀
行の雑益勘定への繰入れや休眠預金等活用法に基づく預金保険機構
への移管、便宜払い、相殺等を行った可能性があるため、それらの
資料を調べる必要がある。

4）財形貯蓄および少額貯蓄非課税制度（マル優）の適用を受けている
預金は、休眠預金等活用法の対象となる。

・解説と解答・

1）適切である（民法166条１項）。

2）適切である。

3）適切である。

4）不適切である。「休眠預金等になりうる預金等」とは、預金保険法、貯金
保険法の規定により、預金保険、貯金保険の対象となる預貯金などで、財
形住宅や財形年金など特定の目的のための預貯金や、障害者のためのマル
優の適用となっている預貯金、外貨預金などの預金保険制度の対象となら
ない預金は対象外である。

正解　4）

5－15　高齢顧客の家族からの払戻しの申出

《問》甲銀行乙支店に高齢顧客Aの息子と名乗るBが来店し、「母Aの足が不自由で来店が困難なため、代理で手続したい」とのことで、Aの預金口座からの払戻しの申出があった。この事例に関する次の記述のうち、最も不適切なものはどれか。

1）Bが真正なAの預金通帳および届出印を持参し、預金の払戻しを求めてきた場合は、Bの本人確認を行ったうえで、払戻しに応じる。

2）BがAの委任状を持参して払戻しを求めてきた場合は、その委任状がAの意思に基づくものであることを含めて真正に成立したものであることの確認が欠かせず、委任状の筆跡や押印された印影を確認しなければならない。

3）Aの意思能力に問題があるために、BがAに代わって預金の払戻しを行おうとしていた場合、A本人の状況や推定相続人の同意を得られるか、Aのための資金使途かどうか等を複数名の行職員で聴取したうえで、本部と検討を行うことも考えられる。

4）Aの配偶者からの払戻請求であった場合、生活資金相当額の払戻しは、顧客本人がその払戻しを依頼していなくても、有効とされる場合がある。

・解説と解答・

1）不適切である。Bの本人確認だけでは足りず、預金者A本人の聴き取り調査（来店できない理由、預金の払戻しならびにBへの代理権付与に係る意思確認等）も必要になる。

2）適切である。ただし、預金者本人に多大な不利益を生じさせる恐れのある、代理人による出金という異例取引であることを踏まえ、真正な委任状であることの確認のみをもって直ちに払戻しに応じるのではなく、可能な限り、追加で電話連絡による本人への意思確認を試みる等、慎重な対応が必要である。

3）適切である。なお、Aの認知判断能力が低下している場合は、成年後見制度等を利用することも考えられる。

4）適切である。夫婦は相互に日常家事代理権を有する（民法761条）。

正解　1）

5－16　老人ホームに係る入居費用の払戻請求

《問》老人ホームに係る入居費用の払戻請求があった場合の注意点に関する次の記述のうち、最も不適切なものはどれか。

1）施設の職員が顧客の依頼によらず、無権限のまま預金通帳および届出印を持参した場合の払戻請求は、受領権者としての外観を有する者に対する弁済の規定が適用され有効となる。

2）施設の職員からの多額の払戻請求に対しては、本人が来店し、手続するよう依頼するのが望ましい。

3）一般に、施設入居者は高齢のため、預金取引の有効性確保のため、法定後見制度の利用以外に、入居者、その家族、老人ホーム施設職員、金融機関の4者間で協議し、契約を締結することも有効であると考えられる。

4）施設の職員の払戻権限の確認を行うには、施設の職員の本人確認と施設の職員であることの確認だけでは足りず、預金の払戻しを求めてきた事情および払い戻した現金の交付先等を聴取するとともに、入居者本人の意思や施設長等の管理者に事情を聴取する必要がある。

・解説と解答・

1）不適切である。無権限のまま通帳および届出印を持参した場合の払戻請求は無効であり、受領権者としての外観を有する者に対する弁済の規定（民法478条）が適用される可能性は低く、そこに施設職員による預金の横領の事実が存在した場合には、結果として金融機関の預金の二重払いによる損害が発生する可能性が高くなる。

　　金融機関としては、施設職員の本人確認や払戻権限を預金者本人から与えられていることを確認するなど、善意・無過失でなければ免責されない。

2）適切である。

3）適切である。

4）適切である。

正解　1）

5－17　成年後見人からの普通預金の払戻請求

《問》高齢顧客の成年後見人を名乗る来店者から普通預金の多額の払戻請
求があった場合の、金融機関における注意点に関する次の記述のう
ち、最も不適切なものはどれか。
1 ）窓口担当者は、来店者から成年後見登記に係る登記事項証明書また
は審判書の謄本および確定証明書、成年後見人の取引時確認手続に
必要な公的書類の提示を受けることで、来店者が成年後見人である
ことを確認する。
2 ）成年後見監督人が選任されている場合、成年後見人が一定の行為を
行うには、その同意を得ることが必要と定められているので、多額
の払戻請求に係る成年後見監督人の同意を確認する必要がある。
3 ）成年後見人が複数選任されており、家庭裁判所が事務を分掌して権
限を行使しなければならない旨を定めた審判がある場合、来店者が
払戻権限のある成年後見人であることを確認できれば、払戻請求書
の署名押印は払戻権限のある成年後見人のみから徴求すればよく、
ほかの成年後見人の署名押印は必要ない。
4 ）成年後見人には成年被後見人の財産処分に係る包括的な代理権が与
えられているため、当該預金口座が家庭裁判所発行の指示書を必要
とする後見支援預金口座でなければ、払戻金額の多寡にかかわらず
払戻しに応じてよい。

・解説と解答・

1 ）適切である。なお、審判書の謄本に替えて審判書の金融機関届出用抄本で
確認を可能としている金融機関もある。
2 ）不適切である。民法において、元本の領収については、成年後見監督人の
同意は不要とされている（民法13条 1 項 1 号、864条但書）。
3 ）適切である。
4 ）適切である。

<u>正解　 2 ）</u>

5−18　相続預金の払戻し

《問》相続預金の払戻しに関する次の記述のうち、最も適切なものはどれ
か。

1）共同相続に係る預金債権は遺産分割の対象とされるため、遺産分割
協議の成立または有効な遺言による承継の指定がなければ払戻しに
応じることができないが、相続開始後の相続人の生活費の支弁その
他の事由により預金の一部払戻しを必要とする場合は、1金融機関
当たり180万円を上限として払戻しをすることができる。

2）顧客の死亡が新聞のお悔み欄等に掲載されるなどして公知の事実で
あったが、顧客の家族等からの正式な連絡がないまま預金の払戻請
求を受けた場合、金融機関は所定の手続に従って払戻しを行ってい
れば、特段問題になることはない。

3）金融機関は、顧客が死亡したとの連絡を受けたときは、正式な相続
の届出を受理してから支払停止の登録を行わなくてはならない。

4）顧客の死亡を知らずに、かつ払戻しの相手方が顧客本人でないこと
の認識なしに預金を払い戻した場合、金融機関がその事実を知らな
いことについて過失がなければ、金融機関が所定の手続に従って払
戻しを行っている限り、有効な払戻しとなる。

・解説と解答・

1）不適切である。払戻しをすることができる金額の上限は、以下のいずれか
低いほうの金額とされている（民法909条の2、民法第九百九条の二に規
定する法務省令で定める額を定める省令）。
・死亡時の預貯金残高×3分の1×払戻しを行う相続人の法定相続分
・150万円

2）不適切である。預金者の死亡が新聞のお悔み欄等で公知の事実となってい
る等、金融機関が預金者の死亡を当然知り得た場合は、金融機関に不注意
があるとして払戻しが無効とされる場合がある。

3）不適切である。顧客死亡の事実が相続人等から届出されていなくても、そ
のことを金融機関が当然知り得たであろうと推定される事実が存在すると
きは、金融機関は善管注意義務を免れることはできないので、預金者の死
亡を確認したら、正式な届出の前であっても支払停止の登録を行い、不注

　意な払戻しを防止する必要がある。
4）適切である（民法478条）。

正解　4）

5－19 遺産分割前の相続預金の仮払い制度

《問》遺産分割前の相続預金の仮払い制度に関する次の記述のうち、最も
不適切なものはどれか。

1）遺産分割前の相続預金について、各共同相続人は遺産に属する預金
債権のうち、相続開始時の預金債権額の3分の2に、払戻しを行う
相続人の法定相続分を乗じた額については、家庭裁判所の判断を経
ずに、金融機関から単独で払戻しを受けることができる。

2）相続預金の仮払い制度により払戻しされた預金は、後日の遺産分割
において、払戻しを受けた相続人が取得するものとして調整が図ら
れる。

3）家庭裁判所に遺産分割の審判や調停が申し立てられている場合に、
各共同相続人は、家庭裁判所へ申し立ててその審判を得ることによ
り、相続預金の全部または一部を仮に取得し、金融機関から単独で
払戻しを受けることができるが、これは、生活費の支払等の事情に
より相続預金の仮払いの必要性が認められ、かつ、ほかの共同相続
人の利益を害さない場合に限られる。

4）家庭裁判所の判断を経ずに遺産分割前の相続預金の仮払い制度を利
用する場合、金融機関としては、制度利用者の本人確認書類に加
え、相続人の印鑑証明書、被相続人の除籍謄本、被相続人および相
続人全員の戸籍謄本または全部事項証明書等を徴求する必要がある
が、家庭裁判所の審判書謄本は必要ない。

・解説と解答・

1）不適切である。各共同相続人は、遺産に属する預金債権のうち、相続開始
時の預金債権額の3分の1に、払戻しを行う相続人の法定相続分を乗じた
額については、家庭裁判所の判断を経ずに1金融機関当たり150万円を上
限として単独で払戻しを受けることができるとされている（民法909条の
2、民法第九百九条の二に規定する法務省令で定める額を定める省令）。

2）適切である（民法909条の2）。

3）適切である（家事事件手続法200条3項）。遺産分割の調停・審判の申し立
てには、仮払いの必要性があることを疎明する必要があるが、仮払い金額
の上限は設けられておらず、裁判所が必要と判断すれば、特定の預貯金債

権の全部を取得することができる。

4 ）適切である。家庭裁判所の審判書謄本が必要になるのは、家庭裁判所の判断により払戻しができる制度（家事事件手続法200条 3 項）を利用する場合である。

　家庭裁判所の判断を経ずに遺産分割前の相続預金の仮払い制度を利用する場合、本人確認書類に加え、①被相続人の除籍謄本、戸籍謄本または全部事項証明書（出生から死亡までの連続したもの）、②相続人全員の戸籍謄本または全部事項証明書、③相続預金の払戻しを希望する者の印鑑証明書等が必要になる。

<u>正解　 1 ）</u>

5-20 成年後見人からのキャッシュカード発行依頼

《問》高齢顧客Aの成年後見人Bから、Aの預金口座のキャッシュカードの発行依頼があった場合について、金融機関における注意点に関する次の記述のうち、適切なものはいくつあるか。

（a）Bにキャッシュカード（代理人カード）が発行された場合、従前からA本人がATMでのキャッシュサービスを利用していたとしても、Bが関知しないところでの払戻し等を防止するため、Aのキャッシュカードは原則として廃止される。

（b）成年後見人の依頼に基づいて発行されたキャッシュカードを使用して不正な払戻しがあった場合、第三者が盗取したのであれば預金者保護法が適用されるが、成年後見人が自己の利益のために払戻しを行った利益相反行為の場合は、預金者保護法は適用されない。

（c）提出を受けた成年後見登記に係る登記事項証明書により、キャッシュカード発行依頼が身上監護を分掌する成年後見人からの申出であることが確認できれば、金融機関はキャッシュカード発行依頼に応じることができる。

1）1つ
2）2つ
3）3つ
4）0（なし）

・解説と解答・

（a）適切である。

（b）適切である（預金者保護法5条3項）。

（c）不適切である。成年後見登記に係る登記事項証明書により、財産管理を分掌する成年後見人からのキャッシュカード発行申出であれば応じることができるが、身上監護を分掌する成年後見人については預金の管理は分掌の対象外のため、応じることはできない。

<u>正解　2）</u>

5-21　高齢顧客との融資取引①

《問》手が不自由で文字を書くことができない高齢顧客との新規の融資取引に関する次の記述のうち、最も不適切なものはどれか。

1) 高齢顧客と融資取引を行う場合には、融資取引の契約時に利害関係者全員の同席を求め、契約の意思を本人に確認したうえで家族などの推定相続人に代筆をしてもらう対応が考えられる。

2) 家族等の推定相続人に代筆を認めた場合には、事後の紛議に備え、金融機関のルールに従って、高齢顧客の意思表示の内容を記録することや、代筆した推定相続人の氏名、代筆内容を複数の行職員が確認して記録することが重要である。

3) 代筆を検討する際は、高齢顧客の意思能力に問題がないかを確認し、顧客の意思能力に問題がある場合は、代筆ではなく成年後見制度の利用が前提となる。

4) 高齢顧客の意思能力には問題はないが、顧客に身寄りがなく、代筆が可能な家族等がいない場合には、真にやむを得ない事由として、本人の同意を得て医師の診断書等の提出を求めたうえで、本人の面前にて金融機関の行職員が、金銭消費貸借契約書などの代筆を行うことは金融庁の監督指針で認められている。

・解説と解答・

1) 適切である（中小・地域金融機関向けの総合的な監督指針Ⅱ-8-2(2)）。

2) 適切である（中小・地域金融機関向けの総合的な監督指針Ⅱ-8-2(2)）。

3) 適切である。

4) 不適切である。中小・地域金融機関向けの総合的な監督指針では、監督上の評価項目の1つに障害者等に配慮した金融サービスの提供を挙げ、金融機関の行職員や顧客が指定する者の代筆を許す態勢を整備することを目的に、社内規則等において代筆手続を定めることを求めているが、融資取引においてはその性質上、金融機関と顧客との間で利益相反が生じるため、金融機関の行職員の代筆が認められていないことに注意すべきである（中小・地域金融機関向けの総合的な監督指針Ⅱ-8-2(2)①ロ）。

正解　4)

5－22　高齢顧客との融資取引②

> 《問》高齢顧客との融資取引に関する次の記述のうち、最も適切なものは
> どれか。
> 1）高齢顧客の手が不自由で融資契約書に署名できないという場合で
> あっても、融資契約時に顧客の意思確認を行い、問題がなければ金
> 融機関の行職員が代筆を行い、融資契約締結当日のやりとりを意思
> 確認記録表等に記録すれば十分な対応といえる。
> 2）高齢顧客の意思能力に不安がある場合、費用もかかり煩雑である成
> 年後見制度の利用は勧めずに、家族等の推定相続人に代筆を認め、
> 事後の紛議に備え、金融機関のルールに従って代筆した家族等の氏
> 名、代筆内容を複数の行職員が確認して記録すれば問題はない。
> 3）高齢顧客との融資取引において、意思能力に問題がある場合には、
> 事後に契約が無効と主張されたり取り消されたりするリスクが存在
> し、代筆を認めることはさらにリスクを追加することになるため、
> 代筆はもとより、融資契約の締結自体を再検討する必要がある。
> 4）意思能力には問題がないものの、手が不自由で署名ができない高齢
> 顧客と融資取引をする場合、今後の意思能力の低下が懸念されるた
> め、代筆よりも成年後見制度の利用を促すべきである。

・解説と解答・

1）不適切である。前ページ問5－21肢4）の解説参照。
2）不適切である。意思能力を有しないときにした法律行為は無効（民法3条
の2）とされるため、意思能力に不安がある場合は、代筆ではなく成年後
見制度の利用が前提になる。
3）適切である。
4）不適切である。成年後見制度は、認知症の高齢者、知的障害者、精神障害
者等精神上の障害により判断能力が不十分な者を対象としており、身体機
能に障害があるため1人では重要な財産上の行為を行うことができなくて
も、契約時点で意思能力に問題がなく、正常な判断能力がある者は対象者
から除かれ、利用できない。

正解　3）

5－23　高齢顧客から担保提供を受ける場合の注意点

《問》高齢顧客からの担保提供に関する次の記述のうち、最も不適切なものはどれか。

1）高齢顧客から自宅の担保提供を受ける場合において、後日、担保設定契約締結時に当該高齢顧客が意思無能力者であったことが立証されれば、契約の無効を主張される可能性がある。

2）高齢顧客がアルツハイマー型認知症の場合、進行の程度が中程度と診断されると、当該認知症患者の法律行為は無効と判断される可能性があるので、顧客の意思能力に疑問がある場合は後に契約の有効性が争いになることを防ぐために、医師の診断書等を取得することも考えられる。

3）担保提供する高齢顧客が正常な判断能力を有することの確認がとれない場合は、成年後見制度を利用してもらうことになるが、正常な判断能力はあるが身体機能に障害があるため1人では重要な財産上の行為を行うことができない者も、同制度の対象者に含まれる。

4）成年後見人が成年被後見人である高齢顧客の自宅（居住用不動産）を担保提供する場合は、利益相反の有無にかかわらず家庭裁判所の許可が必要であり、家庭裁判所では担保提供が成年被後見人にとって必要不可欠であるかが検証される。

・解説と解答・

1）適切である（民法3条の2）。

2）適切である。

3）不適切である。前ページ問5－22肢4）の解説参照。

4）適切である（民法859条の3）。

正解　3）

5-24 保証人となっていた高齢顧客の死亡

《問》保証人となっていた高齢顧客の死亡に関する次の記述のうち、最も
適切なものはどれか。
1) 保証人が死亡した場合、債権者である金融機関は相続人を調査、特
定しなければならないが、第三者が戸籍謄本を取得することはでき
ないため、推定相続人を必ず連帯保証人とする必要がある。
2) 個人根保証契約においては、保証人が死亡した時に主たる債務の元
本が確定するため、保証人の死亡後に生じた新たな債務について、
相続人は保証債務を負担しない。
3) 推定相続人が欠格に該当した場合や、廃除された場合は、代襲相続
は認められない。
4) 保証人が死亡した場合、複数の共同相続人がいるときは、各相続人
が、相続開始時点の保証債務の全額を連帯して承継する。

・解説と解答・

1) 不適切である。債権者であれば債務者を特定するための戸籍謄本の取得は
可能である。推定相続人を必ず連帯保証人とする必要はない。
2) 適切である（民法465条の4第1項3号）。
3) 不適切である。代襲相続（民法887条2項）において、相続の放棄と欠
格、廃除は取扱いが異なる。相続の放棄は、最初からその相続人は存在し
なかったものとして取り扱われるので（同法939条）代襲相続は発生しな
いが、欠格、廃除の場合は、代襲相続が認められる。
4) 不適切である。保証人が死亡した場合、複数の共同相続人がいるときは、
相続人が相続割合に応じて相続開始時点の債務を分割承継し、相続人間で
は互いに連帯しない（民法456条、427条）。

正解　2)

5－25　高齢顧客への投資信託の販売

《問》高齢顧客に対する投資信託の販売について、適合性の原則の遵守に
　　　基づいた金融機関担当者による勧誘に関する次の記述のうち、最も
　　　適切なものはどれか。

1）「元本を損なうことは回避したい」との明確な意向をもった高齢顧
　　客に対して、「公社債投資信託は元本割れしませんので安心です」
　　と言って勧誘を行った。

2）高齢顧客が投資信託に投資を行うことの経済合理性について、担当
　　者自身の主観に基づき適切と判断したので、株式投資信託の勧誘を
　　行った。

3）投資に関する知識と経験が豊富で、自らの判断に基づいて投資を行
　　うことが可能である高齢顧客に対して、当該顧客の資産状況や取引
　　目的を踏まえたうえで、それに見合う商品として海外株式型投資信
　　託の勧誘を行った。

4）年金生活者に対して、貯蓄のすべてを原資とした固定金利型5年満
　　期の個人向け国債の勧誘を行った。

・解説と解答・

1）不適切である。投資信託の投資対象は価格変動のある有価証券等なので元
　　本割れになることがある。安全性の高い債券を中心に運用する公社債投資
　　信託でも、金利上昇時には債券価格が下がり、元本割れの可能性がある。
　　投資信託である以上、絶対に元本割れはしないと断定することはできない。

2）不適切である。高齢顧客が投資信託に投資を行うことの経済合理性につい
　　ては、担当者自身の主観的な判断のみならず、だれが見ても「その高齢者
　　との取引は、そのような理由であれば適切なものと言える」という客観的
　　合理的理由を確認する必要がある。

3）適切である。金融機関の行職員は、高齢顧客の年齢や投資経験、資産背景
　　等に照らして投資信託に投資を行うことの経済合理性について、客観的合
　　理的理由を確認する必要がある。確認の結果、当該高齢顧客の投資目的に
　　見合った商品を提案する必要がある。

4）不適切である。一般に、貯蓄のすべてを原資とした金融商品の勧誘・販売
　　をすべきではない。

正解　3）

5－26　高齢顧客への生命保険の販売

《問》高齢顧客から変額年金保険に加入したいとの申出があった場合の金融機関担当者の行動に関する次の記述のうち、最も適切なものはどれか。

1）高齢顧客の加入目的が「短期間で資産を増やしたい」というものであったため、取扱いのある変額年金保険のなかで、過去の運用実績が最もよい商品を提案した。

2）高齢顧客の加入目的が「相続対策」であったため、相続税法12条の死亡保険金非課税枠を利用するために、契約者を顧客本人、被保険者を配偶者とした契約を提案した。

3）高齢顧客の加入目的が「長男への資産承継」であったため、死亡保険金受取人に次女を指定した。

4）高齢顧客の加入目的が「相続対策」であり、公的年金を補完したいという意向や、資産を増やしたいという意向はなかったため、一時払終身保険を提案した。

・解説と解答・

1）不適切である。変額年金保険は、市場リスクを有する特定保険契約に含まれ、短期間での成果を求める場合の金融商品の提案として、適切とはいえない。

2）不適切である。相続税法12条の死亡保険金非課税枠を利用するためには、契約者および被保険者を顧客本人に、死亡保険金受取人を顧客の推定相続人にする必要がある。

3）不適切である。長男への資産承継を目的とした保険加入であるならば、死亡保険金受取人は長男を指定する必要がある。

4）適切である。金融機関の行職員は、高齢顧客に対して運用期間の長い商品である保険を提案する際には、当該高齢顧客のニーズと商品性が一致しているかどうか、きめ細かく確認する必要がある。当該顧客が保険に加入する目的を明確にしたうえで、この目的を最も満たす商品を提案し、その説明を十分に行う必要がある。

正解　4）

5−27　高齢顧客への生命保険募集に係る留意点

《問》高齢顧客への保険募集に関する次の記述のうち、最も不適切なもの
はどれか。
1) 金融機関の行職員は、たとえ契約者本人の依頼であっても、保険契
約の申込書に係る代筆について、原則として行ってはならない。
2) 高齢の契約者本人の意思を確認することなく、その家族が代筆した
申込書を受け入れる行為は、保険募集に関して著しく不適切な行為
であり、無面接募集等として、保険会社所定の事務取扱への抵触
や、損失発生時の取引否認等、重大事案に発展するおそれもある。
3) 保険会社向けの総合的な監督指針において、金融機関は、高齢者へ
の保険募集については、社内規則等で高齢者の範囲を定め、保険募
集時に家族等の同席を求めるなど、高齢者や商品の特性を勘案した
募集方法を定めることとされている。
4) 保険募集に係る申込書等は契約者の意思確認の重要な方法であり、
かつ、重要事項の説明を受けたことを確認する重要な方法でもある
ため、必ず金融機関行職員の面前で署名・押印してもらう必要があ
り、障害があるために申込書に署名・押印することが困難な者から
の申込みに対しては、自筆が必要であることを理由に謝絶しなけれ
ばならない。

・解説と解答・

1) 適切である。保険契約の申込書は、契約者の意思確認、契約締結の事実、
契約内容に関する証拠書類であるため、金融機関の行職員による代筆は、
原則として行ってはならない。
2) 適切である。
3) 適切である。金融機関は、高齢者や商品の特性等を勘案したうえで、きめ
細やかな取組みやトラブルの未然防止、早期発見に資する取組みを含めた
保険募集方法を具体的に実行しなければならない（保険会社向けの総合的
な監督指針Ⅱ−4−4−1−1(4)）。
4) 不適切である。障害者への保険募集にあたっては、本人がどのような対応
を望んでいるのかを丁寧に聞き取ったうえで、合理的な配慮を行いながら
柔軟に対応する必要がある。　　　　　　　　　　　　<u>正解　4)</u>

5-28 高齢顧客名義で金融商品を購入したいとの家族からの申出

《問》高齢顧客の長男から、「父親名義の余裕資金を運用したいので商品
を紹介してほしい」との申出があった際の金融機関担当者の対応に
関する次の記述のうち、最も適切なものはどれか。
1）長男に高齢顧客（父親）の意思確認が必要である旨説明したとこ
ろ、「寝たきりであり、意思表示を行うこともできない状態であ
る」との回答であったため、長男からの申出を謝絶した。
2）長男、高齢顧客（父親）ともに面識があったので、特段問題ないと
考え、長男の依頼どおりに安全性の高い債券を中心に運用する公社
債投資信託を販売した。
3）長男は高齢顧客（父親）の成年後見人に就任していることが確認で
きたため、長男の依頼を受けて、直近の運用成績が最もよい高レバ
レッジ型の投資信託を勧誘した。
4）長男は高齢顧客（父親）の成年後見人に就任していることが確認で
きたため、相続対策として、死亡保険金非課税枠を利用した生命保
険商品（契約者および被保険者＝顧客、死亡保険金受取人＝長男）
を提案した。

・解説と解答・

1）適切である。契約者となる高齢者本人の取引意思を確認できない、または
本人に商品について十分に理解する能力がない場合、狭義の適合性の原則
により、また民法上も取引が無効とされる可能性があるため（民法3条の
2）、販売はできないと考えざるを得ない。
2）不適切である。肢1）と同様に、顧客本人の理解を得られていない（確認
できていない）手続を受け付けてはならない。
3）不適切である。成年後見人の使命は、成年被後見人の身上監護と財産管理
にあり、あえてリスクを負担してまで積極的に財産を増加させることは期
待されておらず、リスク性商品である投資信託の購入については勧誘すべ
きでない。
4）不適切である。本肢の生命保険商品による相続対策を行った結果、税優遇
の利益を享受するのは成年後見人である。したがって、成年被後見人の財
産管理を使命とする成年後見人を利する当該提案については、妥当性を慎

重に判断し、金融機関からの積極的な提案は控えるべきである。

　また、ほかの推定相続人とのトラブルを避けるため、死亡保険金受取人が特定の人物に偏るような契約を行うべきではない。

正解　1）

5－29　貸金庫契約者の家族からの貸金庫契約解約の申出

《問》貸金庫契約者の長女と名乗る人物から、「母（契約者）が高齢となり、来店が難しくなったため、娘である私が母に代わり貸金庫契約の解約をしたい」との申出があった。この事例に関する次の記述のうち、最も適切なものはどれか。

1）契約者本人の貸金庫契約の解約についての意思が確認できた場合、貸金庫契約の開閉代理人の届出がされている長女であれば、新たな委任状等がなくとも解約手続を行うことができる旨を説明した。

2）貸金庫契約は、いかなる場合でも、契約者本人でなければ解約ができない旨を説明し、契約者本人の来店を促した。

3）契約者本人が来店して貸金庫契約の解約手続を行うことが困難な場合で、契約者本人の貸金庫契約解約の意思確認がとれないときは、現在の貸金庫契約において長女が開閉代理人に指定されていれば、契約者の委任状がなくても解約手続が可能な旨を説明した。

4）契約者本人が来店して貸金庫契約の解約手続を行うことが困難な場合、契約者本人の貸金庫契約の解約についての意思確認ができるのであれば、契約者本人の意思に基づく委任状を作成して、受任者を相手に解約手続をする対応が考えられる。

・解説と解答・

1）不適切である。貸金庫の開閉等を行うために金融機関に届出された代理人は、契約の継続を前提とした代理人にほかならず、契約そのものの解消を目的とした代理人とでは授権の範囲が異なる。そのため、別途解約手続についての委任状を契約者に作成してもらう等の対応が考えられる。

2）不適切である。肢1）で解説した手続がとれれば、契約者の代理人が手続を行うこともできる。

3）不適切である。契約者の意思能力が失われており、貸金庫契約の解約についての意思確認がとれないときは、家族等が法定後見開始の申立てを行い、家庭裁判所で選任された成年後見人等が、当該契約者の法定代理人として貸金庫契約の解約を行うことになる。開閉代理人は、解約を行う代理権までは付与されていない。

4）適切である。

正解　4）

5－30　貸金庫契約者の家族からの貸金庫の正鍵喪失の申出

《問》貸金庫契約者の長男と名乗る人物から、貸金庫の鍵を紛失したとの
申出があった場合の金融機関の対応に関する次の記述のうち、最も
不適切なものはどれか。
1）契約者の意思能力に疑いはない状態であったが、長男は貸金庫の開
閉代理人として届出されていたので、慎重に本人確認を行い、貸金
庫の正鍵喪失および再交付の手続を受け付けた。
2）契約者本人との手続が可能なことを確認したうえで、契約者本人と
正鍵喪失および再交付の手続を行った。
3）契約者本人は意思表示をすることはできるが、高齢のため来店手続
が難しいことから、長男を代理人として手続を進めてほしいと希望
され、契約者本人から当該手続に関する委任状の提出を求めたうえ
で、貸金庫の正鍵喪失および再交付手続を受け付けた。
4）契約者本人の意思能力が不十分であるが、契約者の財産管理のため
に長男が代理人として適法に選任されていたことが確認できたた
め、正鍵喪失および再交付の手続を受け付けた。

・解説と解答・

1）不適切である。貸金庫契約時等に長男が開閉代理人に選定されていたとし
ても、本件手続は開閉代理人としての権限を越えるため、契約者本人に手
続してもらうか、当該手続に関する委任状を提出してもらう必要がある。
2）適切である。契約者が金融機関と手続を行うことが可能な場合は、貸金庫
規程の定めにより、正鍵喪失の届出および再交付の手続を行ってもらうこ
とになる（貸金庫規定（ひな型）7条）。
3）適切である。
4）適切である。既に契約者の財産管理のために適法に選任された代理人がい
る場合は、契約者の意思能力が失われても代理権は消滅しないため、その
代理人により正鍵喪失の届出および再交付の手続を進めることができる。

正解　1）

5-31 全国銀行協会「金融取引の代理等に関する考え方および銀行と地方公共団体・社会福祉関係機関等との連携強化に関する考え方」②

《問》全国銀行協会「金融取引の代理等に関する考え方および銀行と地方公共団体・社会福祉関係機関等との連携強化に関する考え方（令和3年2月18日）」に関する次の記述のうち、本考え方に沿った対応として適切なものはいくつあるか。

（a）銀行が、認知判断能力が低下した顧客本人との金融取引を行う場合は、成年後見制度等の利用を促すのが一般的であるが、手続が完了するまでの間などにやむを得ず顧客本人と取引を行う場合は、本人のための支払であることを確認するなどしたうえで対応することが望ましい。

（b）任意後見人が顧客本人の預金取引を代理できるよう、任意後見契約とともに委任契約を締結している場合は、任意後見監督人が選任される前であっても、委任契約の受任者である任意後見人との取引は可能である。

（c）本人から親族等への有効な代理権付与が行われ、銀行がその代理人の届出を受けている場合は、当該任意代理人と取引を行うことは可能である。

1）1つ
2）2つ
3）3つ
4）0（なし）

・解説と解答・

（a）適切である。
（b）適切である。
（c）適切である。

正解　3）

2024年度　金融業務能力検定

等級	試験種目		受験予約 開始日	配信開始日 （通年実施）	受験手数料 （税込）
Ⅳ	金融業務4級　実務コース		受付中	配信中	4,400 円
Ⅲ	金融業務3級　預金コース		受付中	配信中	5,500 円
	金融業務3級　融資コース		受付中	配信中	5,500 円
	金融業務3級　法務コース		受付中	配信中	5,500 円
	金融業務3級　財務コース		受付中	配信中	5,500 円
	金融業務3級　税務コース		受付中	配信中	5,500 円
	金融業務3級　事業性評価コース		受付中	配信中	5,500 円
	金融業務3級　事業承継・M＆Aコース		受付中	配信中	5,500 円
	金融業務3級　リース取引コース		受付中	配信中	5,500 円
	金融業務3級　DX（デジタルトランスフォーメーション）コース		受付中	配信中	5,500 円
	金融業務3級　シニアライフ・相続コース		受付中	配信中	5,500 円
	金融業務3級　個人型DC（iDeCo）コース		受付中	配信中	5,500 円
	金融業務3級　シニア対応銀行実務コース		受付中	配信中	5,500 円
	金融業務3級　顧客本位の業務運営コース		－	上期配信	5,500 円
Ⅱ	金融業務2級　預金コース		受付中	配信中	7,700 円
	金融業務2級　融資コース		受付中	配信中	7,700 円
	金融業務2級　法務コース		受付中	配信中	7,700 円
	金融業務2級　財務コース		受付中	配信中	7,700 円
	金融業務2級　税務コース		受付中	配信中	7,700 円
	金融業務2級　事業再生コース		受付中	配信中	11,000 円
	金融業務2級　事業承継・M＆Aコース		受付中	配信中	7,700 円
	金融業務2級　資産承継コース		受付中	配信中	7,700 円
	金融業務2級　ポートフォリオ・コンサルティングコース		受付中	配信中	7,700 円
	DCプランナー2級		受付中	配信中	7,700 円
Ⅰ	DCプランナー1級（※）	A分野（年金・退職給付制度等）	受付中	配信中	5,500 円
		B分野（確定拠出年金制度）	受付中	配信中	5,500 円
		C分野（老後資産形成マネジメント）	受付中	配信中	5,500 円
－	コンプライアンス・オフィサー・銀行コース		受付中	配信中	5,500 円
	コンプライアンス・オフィサー・生命保険コース		受付中	配信中	5,500 円
	個人情報保護オフィサー・銀行コース		受付中	配信中	5,500 円
	個人情報保護オフィサー・生命保険コース		受付中	配信中	5,500 円
	マイナンバー保護オフィサー		受付中	配信中	5,500 円
	AML／CFTスタンダードコース		受付中	配信中	5,500 円

※　DCプランナー1級は、A分野・B分野・C分野の3つの試験すべてに合格した時点で、DCプランナー1級の合格者となります。

2024年度　サステナビリティ検定

等級	試験種目	受験予約開始日	配信開始日（通年実施）	受験手数料（税込）
－	SDGs・ESGベーシック	受付中	配信中	4,400 円
－	サステナビリティ・オフィサー	受付中	配信中	6,050 円

2024年度版
金融業務3級 シニア対応銀行実務コース試験問題集

2024年6月6日 第1刷発行

編 者 一般社団法人 金融財政事情研究会
検定センター
発行者 加藤 一浩

〒160-8519 東京都新宿区南元町19
発 行 所 一般社団法人 金融財政事情研究会
販 売 受 付 TEL 03(3358)2891 FAX 03(3358)0037
URL https://www.kinzai.jp

本書の内容に関するお問合せは、書籍名およびご連絡先を明記のうえ、FAXでお願いいたします。 お問合せ先 FAX 03(3359)3343
本書に訂正等がある場合には、下記ウェブサイトに掲載いたします。
https://www.kinzai.jp/seigo/

ISBN978-4-322-14529-8